WORD SEARCHES ON THE

LOO

DR GARETH MOORE

First published in Great Britain in 2020 by
Michael O'Mara Books Limited
9 Lion Yard
Tremadoc Road
London SW4 7NQ

A CIP catalogue record for this book is available from
the British Library.

Papers used by Michael O'Mara Books Limited are natural, recyclable
products made from wood grown in sustainable forests. The
manufacturing processes conform to the environmental regulations of
the country of origin.

ISBN: 978-1-78929-297-8

1 2 3 4 5 6 7 8 9 10

www.mombooks.com

Designed and typeset by Gareth Moore

Printed and bound in Great Britain by CPI Group (UK) Ltd,
Croydon, CR0 4YY

INSTRUCTIONS

This handy book of puzzles is just the thing to fill a few idle moments on the loo – or wherever you may be.

To solve each puzzle, simply find the listed words or phrases in the grid. They may be written in any direction, including diagonally, and run either forwards or backwards. Ignore any punctuation or spaces when looking for the letters in the grid.

On the Loo
1. PLUMBING

```
E G R A H C R L H N L E T G H
O D U S D L D E N N T H L I R
A R O D R L G D D R I D G L P
N S E E A P N S E L O H N L I
H W E D I I H H K W O N I R P
B A N W N U R O L I E S K H I
K N A T A E A W O R U O A G N
E S E S L G N E O A H D E E G
E N K I L E E R I C T P L K B
N R O I U O N A N U F P O H D
C B D E L U G E B L L L B I H
N F V I R A R E P I I D U E H
S P I L L W C E E V L A V S S
U N B L O C K R R A T R H O H
H S I N K L S P R H I R N C N
```

BOILER
CHARGE
DELUGE
DRAIN
FLUSH
LEAKING
PIPING
PLIERS
SEWAGE

SHOWER
SINK
SOLDER
SPILL
TANK
TUBE
UNBLOCK
VALVE
WRENCH

2. TOILETRIES

```
H S U R B L H S A W H T U O M
T M S S L S L Z Z S S S O L F
M S O W B P L O T I O N U P M
O A O Z A M A R E P R S S R T
P W P O P S M C S B O I A S R
O D A U W Z R P R S M S E R S
U E H S E S S E E E O O R P M
T O O M H K O R P R W C C H Z
W D U I H C A O E P F O E F P
E O U R P W L M P L I U H I M
E R C R O R L O U M R L M S H
Z A W O M O E T T N A U C E R
E N B R A Z R S L H R H C A O
R T H M C A R T O W E L S E Z
S U E H A R Z P E A U E E R O
```

BRUSH	MOUTHWASH
CLIPPERS	PERFUME
COMB	RAZOR
CURLERS	SHAMPOO
DEODORANT	SHOWER CAP
FLOSS	SOAP
LOTION	TOWEL
MAKEUP	TWEEZERS
MIRROR	WASHCLOTH

3. RELAXING INDOORS

```
N I R O N I N G W M N G Y I G
A G N I W A R D E N T C T E N
A D E T D B I D H G V L A O I
N Y O M I N I I N I G E H I D
S O I O B T N I I N I A W B A
E K T D A R P C I R V N A A E
W Y N T I P O Y O I B I T K R
I G I I A T D I N O N N C I R
N N R N T I A G D E K G H N E
G G R A T T A A N E A I I G G
B E I K V B I T N G R Y N A Y
T G Y I A T G N O A P Y G G R
W R I T I N G Y G T A A T D G
Y I H A G N T C R W B G V E A
I P A I N T I N G I N G O R I
```

BAKING
CLEANING
COOKING
DIY
DRAWING
EMBROIDERY
HAVING A BATH
IRONING
KNITTING

MEDITATING
NAPPING
PAINTING
READING
SEWING
TIDYING
WATCHING TV
WRITING
YOGA

4. TIME TO LEARN

```
C E E E E S I V E R U E R T N
L T N C E D I F Y V A S E A A
I A E I I E N I M A X E H Y C
E C S L S E M T T A R E A D S
E U P C E A E S E D E R A E E
T D O A R V S S U L F N E R U
R E R C H U A E U R U I E E M
O R E E R D T T C R V U S S M
K V O L F I C I E I E E E E A
E C V E E R S N N E U P Y A A
E D E V E A O W E I E N E R W
E V R S N R R D O A Z R E C P
K R O W R S E N W T C E N H S
V P R S E L F G U I D E N A A
E E E N I A R T E V E V S E E
```

CRAM
EDIFY
EDUCATE
ELEVATE
EXAMINE
LEARN
PERUSE
PORE OVER
READ

RESEARCH
REVISE
SCAN
SCRUTINIZE
SELF-GUIDE
SURVEY
SWOT
TRAIN
WORK

```
R A B A N N I C K P T O T A E
B L G P P C P E A C O C K E T
T E N O R I T E A O Y I T L I
C O P P E R R L C E P I Y N T
O P E A N A A C T N X R C E A
P M N T G M M B R U E O S O M
E E E L I I E A A B R M G E E
S L A N E T K B D N A E A T H
E E E O T S L A E L P I L I B
R I E B I I W A T A A C E M E
T I N O B R L I B M T E N O A
L T A R O A T R C O R L A R K
R T T I I E N T G E C E I H L
E T T N N T I C A K T X M C A
O C D L C R O C O I T E O A I
```

BAUXITE
BERYL
CALAMINE
CHROMITE
CINNABAR
COBALTITE
COPPER
CROCOITE
GALENA

HEMATITE
NIOBITE
PEACOCK
REALGAR
SKARN
SMALTITE
TENORITE
TIN
WAD

```
U T P I N K Y Y I G M I R R E
L S M L M P G M R I E N K R C
I H A M I S W A S P B G S N L
P E S O N P P S S Y N E O Y S
M I U I E E S N S K N S G I E
I E A G F S W O N R I O N S N
R I R R C A S R A O E R I F O
H N U U R E H A G P C I M O L
S I O P I L U C G S S G A L E
T E S M P P A L E P K L O M
T S E G L S N M E U A I F U R
Y P L H I A C L P G K R R S E
U A I I C Y S N U N O B N H T
Y S I G A Y A Y S O P Y N R A
O R S P S N L A S T S E A E W
```

FLAMINGOS
GRAPEFRUIT
HAM
KIRBY
LIPS
LYCHEES
MACARONS
NAILS
PIGS

PINKY
PORKY PIG
PRAWNS
ROSE
SALMON
SHRIMP
SNAGGLEPUSS
TONGUES
WATERMELON

7. MOUNTAINEERING

```
S G R Y Y C C U C G U L L Y C
L T C P L R E T U H E A R T L
F F D I I C U I X H S L X N N
L E F R C L E E R C S P W L E
G F E R I P U P A I I G L E G
A O R N U M I K O E H P I C K
R I M L G R O A S F L C R H I
C O R K S C R O P E O E U E F
U E G D I R R I R T K I K X E
C F M P A H K G C C F I C T X
O R A A O S W C O W P E R E P
I U U S G S E H O S G I L L U
P P A P N K C O O R I A O C E
A L I O S C R W N H N O N K O
F O W U A T P H E Y A X E K O
```

ALP	MUNRO
AXE	PICK
CHOCK	RIDGE
CLEFT	ROCK
CLIFF	ROPE
CRAG	SCREE
GULLY	SNOW
HUT	SPIKE
ICE	SPUR

8. ONE-WORD MOVIES

```
J A W S P A D H O E E U A E A
H I S H R V A E Y I T H O R A
O E B Y F A N Y E E H R R S U
L D R U L T H A O P T I E A R
E T R J C A S H L B S E T H C
S R U A Y R E C C U D S Y C P
D N N A C A P H A R M L A G H
O H E L U U D N A R A K O R A
T I O O E O L A S N S S A E A
A A M J H D C A R L I O H A O
K A H C S A O F R O Z E N S N
E R Y H N N R R H C R J I E A
N S J U M A N J I E A W O Y S
P A L M Y O V E S O E R I E S
O G R A F D F H E N A T E K F
```

AVATAR	JAWS
CARS	JUMANJI
CRASH	JUNO
DRACULA	MULAN
FARGO	OLDBOY
FROZEN	PSYCHO
GREASE	SPEED
HITCH	TAKEN
HOLES	THOR

```
B E S C R R S H N H V H L P A
H L S H E D A O A T K P L A A
I O K A C S A E R B R S I E L
C U L B A H C A E H O B M R L
I L S B O B C L I A N A E R I
O T N E R H N R P L A R I R V
A L C Y A M O O D B M N L T K
O N I P M A S C E S E K O Y I
E E E S I E I A R P C G T H R
L L O R S L R L O A C B O C O
F I L O A L P A H L R U A N O
I O G L N I B S H L S A I A N
C V R L H O T E L E E B N E E
N R G T O O B A E N A T L C S
A E R E S O B I C C N E O E H
```

ABBEY	MANOR
ARENA	MILL
BARN	PIER
CABIN	PRISON
CHAPEL	RANCH
FORT	SHACK
HOTEL	SHED
HOUSE	SILO
IGLOO	VILLA

```
E D L S F O L B E R L V R L F
N R S F L A U T I S T B L R I
D B T S O L O I S T N L S E T
M R M K E T O F H D C R I L S
P H U E I T I U I A I N O G I
P O I M A M A N F S R V R U N
M S L R M A R M T I B P A B A
U M P E I E O E D T D D I I I
M D C S N S R B P N R D R S P
T T E O S T R M O I A L L A T
M A L P T R S T A I P B R E B
T A L M R O S D U N S F D M R
M A I O E B U S K E R T S A M
E O S C L E A E P E R P A V E
R L T T S I L A C O V B S D T
```

BANDMATE
BARD
BUGLER
BUSKER
CELLIST
COMPOSER
DIVA
DRUMMER
FIDDLER

FLAUTIST
HARPIST
MAESTRO
MINSTREL
OBOIST
PIANIST
PIPER
SOLOIST
VOCALIST

```
E O M R H S S N R O Z A R I S
X E H S U R B E N L S M P L F
S H H S H S C E B E R H A E E
T W S C H A A W A A E O O L G
W O C A S A V S T D S S S S N
E E E M W L M E H D N E D O O
E H X T O H E P R L A W H T P
Z N F T N I T G O E E W O H S
E S O C S A O U G O L W A B E
R H L L A R R O O N C S O O O
S O I O R C F O A M I A T T O
R W A T Z H O L D E E L Y B E
E E T H A W M M O O A E Y O E
F R O E O E T S B S E F F T Y
A T R S L H S E R F S D S E S
```

BATH	RAZOR
BRUSH	SHAMPOO
CLEANSER	SHAVER
CLOTHES	SHOWER
COMB	SOAP
DEODORANT	SPONGE
EXFOLIATOR	STYLING GEL
FLOSS	TOWEL
MOUTHWASH	TWEEZERS

```
P B E E L S E P E B D B E N T
S L L A W N E D R A G D O A R
A L B A E V A A L P A I M E T
D A M A G C T B A K T P M E K
Y K A C I U A L C I A B I C D
L E L R A I I O T R A N S A A
N B R L L S T R A N N B C V E
A A L E A S A P K E I R R I H
B M Y D E P E M R B L I E T K
B L E U D T E W B Y M C E Y L
E C N E F N A O E L P K N W U
E A N T T L U I B M B W A A B
E A N L L L H E D G E A T L I
M L L A W Y T R A P W L R L Y
L L B D K R A W L U B L R D L
```

BAILEY	GARDEN WALL
BARRICADE	HEDGE
BRICK WALL	INNER WALL
BULKHEAD	PALISADE
BULWARK	PARAPET
CAVITY WALL	PARTITION
DAM	PARTY WALL
EMBANKMENT	SCREEN
FENCE	STOCKADE

```
A  S  A  I  A  E  M  M  A  I  O  O  O  N  L
L  I  A  O  L  L  E  H  K  J  A  H  O  U  E
O  M  D  O  U  H  L  I  A  H  X  A  O  S  O
O  O  L  N  D  H  E  M  I  O  I  L  A  S  E
A  S  N  I  L  V  B  N  B  C  N  L  A  A  M
C  A  A  S  S  O  R  L  U  A  C  O  H  H  V
S  L  X  A  O  A  A  N  S  A  H  E  A  S  B
L  V  L  L  C  Z  N  A  L  C  A  A  O  H  A
B  E  B  A  J  S  A  A  A  A  O  H  O  L  A
A  T  O  A  H  A  O  B  M  L  I  L  S  B  O
L  A  V  M  A  T  N  A  L  A  H  Z  E  R  O
U  J  A  L  L  O  A  H  R  M  S  A  S  J  K
B  E  R  V  O  L  H  R  A  S  N  T  Z  I  S
S  M  D  I  L  X  O  A  J  H  A  I  E  H  O
A  A  Z  O  A  O  J  M  L  E  H  H  A  H  I
```

AHOJ	NAMASTE
BULA	NI HAO
CIAO	SALAAM
HALLO	SALVE
HALO	SANNU
HELLO	SVEIKI
HOLA	SZIA
JAMBO	XIN CHAO
MARHABA	ZDRAVO

```
A R T C S S S S A L S E Y Y P
T T T S S S R B G G I E I L N
O O S B O N E G I A S S M O S
P F M U G E E P D G S E B A E
B F A E P B P S E N G L L S D
R S I N R P E P P S E U B E G
A S S O S I E B L M E T N E S
S T B G D E F R E D L E N S N
S O E A R S T N C O A T R A D
M H L E L P S I R L R E M I I
R S E R S I M D L Y A E D B B
C G A A S V S T O E S S B N E
Y I R E S I O I G B T I S N E
S B L S E E D N A R G T R A S
S W S D L S G I W G I B O B S
```

BIG GUNS
BIG SHOTS
BIGWIGS
DAMES
EARLS
ELITES
GENTRY
GRANDEES
LADIES

LORDS
NAMES
NOBLEMEN
NOBS
PEERS
TOFFS
TOP BRASS
UPPER CLASS
VIPS

15. FACING JUSTICE

```
H C N E B Y C G B N L P E I A
R I U L E N U G A R L L A O Y
W R U U C N B T I L E I U I L
R I E R A S I I L E C A C T T
N E T I L E U F I F P J G C R
O R A N I F E E F A F L C N U
S S E A E T P N F Y A D O H O
I E J E T S C E T C O I P F C
R C R G A S S L T G T T A L I
P I L D N U I C T U U R I C J
L T E U O U I T A P D I A I L
J S J J G D R C L G W A G I P
T U I A R I R E Y W A L D L F
F J R E L F A A P P E A L N I
P J V Y T A B J D U Y F S R A
```

APPEAL   JUDGE
BAILIFF   JURY
BENCH   JUSTICE
CAUTION   LAWYER
CELL   PLEA
COURT   PRISON
FINE   TRIAL
GUILTY   VERDICT
JAIL   WITNESS

16. TYPES OF TEA

```
R A L R N I I D Y G L T N G B
M I A S S A M G U I C A N L K
E H Z C U N R N N C W L E I L
G E B E D I R A N O H G D U M
R R R M A O U M A I L A U Y C
E B N I S O S N N N L O I O E
E A D N W W C I G A A L O H Y
N L E E L R H R I L L Z I A L
J A S M I N E I I I U A S O O
U L S W E I R G T E B B S U N
V H L M D N B L A E M M G A L
A C T H U A D I I M I Y A E M
A N U M E E K N O C D I S S V
O G Z G L N N N A L E M R N M
M R L R S O B I O O R D J A N
```

ASSAM	MASALA
CEYLON	MINT
CHAI	NILGIRI
DIMBULA	OOLONG
GREEN	RIZE
HERBAL	ROOIBOS
ICED	UVA
JASMINE	WHITE
KEEMUN	YUNNAN

17. FAMOUS SCIENTISTS

```
H N O T W E N C T G E A I L U
H A N D P A K W H I A T U O K
B A W N I R P E R E Y I N A A
L L D K I L R L P H N N E A I
T H A O I W C U K L O R I O T
D A O C N N R U E U E B G M A
R S R E S O G A E T P R P E U
T N I U L A S H D O S A T I I
R E L B U I P I D N U A C T H
C C U R I E L T D L R G P N O
F A R A D A Y A I E G B A E D
E T N T B T A N G I Y H A R G
E L A Y N E G O N P L A N C K
G N I R U T L H Y P C I I D I
R I E H Y L G L U I O O N L N
```

BELL	HODGKIN
BOHR	KEPLER
CURIE	MEITNER
DARWIN	NEWTON
EDISON	PASCAL
EUCLID	PASTEUR
FARADAY	PAULING
GALILEO	PLANCK
HAWKING	TURING

On the Loo
18. TOP OF YOUR HEAD

```
W B C P U N K N L R T I A L P
P U A N K B T A U B U R N D A
W P A C B I R E E P U O T E K
G I A A H E T O K R A N A G T
L L G E N A L R W O A E K D T
B W K B D K R U R N B I L F D
K T O O M A I P E E O A E U E
H W U K R L I N B L O W B W R
A R A A B B L O N D E B R O W
U U U H N W E N W L D Y E F O
B K P E O C N N A B R U T W U
O A N D A M K L L K I B A F B
R R O W O E R D O U A C A P E
F T N T P U D R F L H F L L A
A W P L C A H E B U D W U E D
```

AFRO	MOHAWK
AUBURN	PLAIT
BALD	PUNK
BLACK	RED
BLONDE	TOUPEE
BROWN	TURBAN
CURL	UPDO
DYE	WEFT
HAIR	WIG

```
G Y R T J S G A U A E S A F E
D V I F H S E T N E E E B D K
F W I M T E G E I S F N B S L
G E G K A S S A S V I U A T J
D L G S I S U C R O A R R I G
L F D E G N E I R G O U A S Q
B A D E U L G N L E Y S Q O A
L R A N S E O S S E A Y S A R
I E E L L R B G K N B M M F I
R Y R G A L O E G F O I A E E
I O B R R E A N Y S I W S I E
I I E I N G I K D I S S N B H
F I Y E G G Y H E L C Y H S R
E R R G S I I I N S O U A E R
I E U T S S D R O J F S N N E
```

ABBA	OLD NORSE
AQUAVIT	RUNES
FISH	RYE BREAD
FJORDS	SAMI
GLOGG	SIBELIUS
GRIEG	SNOW
HYGGE	THE SCREAM
IBSEN	VIKINGS
LAKES	WELFARE

```
S S E L W A L F E W P P O T E
E R U L R C A S E P T I C C P
S G S N F I L U H D S S U I T
P U R E S A L E R S E E E N H
F O L P E P U P A U E S E E U
U D I L H L O L E N L R L I N
S N U N D D I T T R S C F G S
P A S N S I E R T L F E T Y T
U L N O S P L R E E E E D H A
R D P I I U O A E T D S C A I
I L E E T L L T I D S S S T N
F T F H F A E L L E N F E A E
I L S S S E R D I E R U T S D
E I A U S A R Y P E S S A S R
D A A T L R W N N F D S D L T
```

ASEPTIC
CLEANSED
FAULTLESS
FLAWLESS
FRESH
HYGIENIC
LAUNDERED
PERFECT
PURE

PURIFIED
SANITARY
SPOTLESS
STERILE
UNSOILED
UNSPOTTED
UNSTAINED
UNSULLIED
WASHED

21. FLUFFY ANIMALS

```
C S O A L A N C F A C T E B K
C P A L A O K H I A A E K C R
I H U I L L O O T L R S C A P
K A I P I P T M P A G U L L B
C P T C P I I A E E E O X U M
M B E S K Y C B R A R M C O P
I A G T B A T A E F B F E F F
E R T K P D L X O T I E Y K O
R A K Y T T O C A E L E G O L
E X M I S N E G E H K I T B P
G A T B T T C S R N I L A O F
I M E O C T X U O C K S L I Y
T A T R L F E M S H E E P I C
L L I T T S K N P A P E L Y A
L L C U T L T I B B A R E B A
```

ALPACA	KITTEN
BEAR	KOALA
CAT	LLAMA
CHICK	MONKEY
CUB	MOUSE
DOG	PUPPY
FOAL	RABBIT
FOX	SHEEP
GERBIL	TIGER

```
W P E A N U T H T N I C A Y H
N E T N N N V N B L O N O A B
A A U A A A A D V S E L E E I
B D E A F E E E A F B R C P T
A E L B B L B B B S O A A T L
E Y A L D R A B Y D E B E I I
P B A N A A B F O O E O K L I
N N P C S A O I L R S G B P E
O D R U L P I R U A A T N S B
E U E B A B R Y B U R C N I U
G T A K E A L O C O W P E A W
I L L I T N E L U R T S P L L
P C H I C K P E A T E L G V I
B A D E N L B L A C K B E A N
E D A L A T E V L E V A E A E
```

ALFALFA
BEAN SPROUT
BLACK BEAN
BROAD BEAN
CAROB BEAN
CHICKPEA
COWPEA
DAL
HYACINTH

LABLAB
LENTIL
PEANUT
PIGEON PEA
SOYBEAN
SPLIT PEA
URD
VELVET
WINGED BEAN

```
W S A K E G R E E N T E A E E
D A H C A I P H R G A S I P S
E E S A O F L O H O T M I L K
L E B S W F L I S D C N R G E
G C C A A Y F A O S H R L G A
P L E H N I W E T W E A A O L
M W U G A D L K E W W T E L M
M R E H G I R T N B H G D G O
T E H F W N T E G L I I E N C
S S L F U E O E K A T O T T H
U A A Y T G I G A C E E A E A
T R K L I O E N G K T T D O D
Y D D O T T O H L T E T P R L
H L A T T E E E R E A E R N I
O S S E R P S E H A G P A T T
```

BANDREK
BLACK TEA
CHAI TEA
COFFEE
EGGNOG
ESPRESSO
FLAT WHITE
GLOGG
GLUHWEIN

GREEN TEA
HOT MILK
HOT TODDY
LATTE
MOCHA
POSSET
SAKE
WASSAIL
WHITE TEA

```
A H O N C E H I I D W I E F B
A T H N C A D B S I D L T O S
R U T I H I S A F I C E G S U
E I N A I U N E U N U O O T T
O B N R L R N G U G D F I E D
E R I O D W E S O S H E N R N
G O S D U A R L O P E T U P A
N T U R A L S N E E H O E A B
I H O E T N I C D C W B R R S
L E C H N I I A R R E E D E U
B R S T U N D E N O H I D N H
I U L A A O T E T T P T N T N
S E R F A S N B O S E E E N O
T T S F I H D M R U N R O G R
H B W S C R B A E T T R N O S
```

AUNT	HUSBAND
BROTHER	MOTHER
CHILD	NEPHEW
COUSIN	NIECE
DAD	SIBLING
DAUGHTER	SISTER
FATHER	SON-IN-LAW
FOSTER PARENT	UNCLE
GODSON	WIFE

25. VOWELLESS WORDS

```
S T H Y Y U V C N Y S L J G X
J Y R N E R I T Z X E C Z Y T
A M Y T H C T I Q N H U I M N
I B B F H H H L H X Q W Y L F
L M Y A A M N U V I R Z N G T
O D K E M I E P O F W Q Q M Z
L B M O R P H L R D H N S E H
L P Z N Y R A Y V J W T C P N
Y U L S D A R C O M H R S G Y
H X Q L H J O B N H Y S J S U
G C Y R B D L B Y Y C P I R P
R N O A H D R M O J Y I N M S
X Z W K X X N Y A M U T O F W
S R L R A Q F X N G V P S I Y
P A G W Z J B G P Z B H B D N
```

BRRR	MYTH
CRY	PSST
FLY	SPY
FRY	STY
GHYLL	SYNC
GYM	THY
HMM	TRY
HYMN	WHY
LYNX	WYN

```
W S R A L U P O P I R N N I N
I U Y S U O M A F N I E R L A
N O R I T I N R T W E O I C C
D I A U O F V E U N D A A E E
E R D C U E A A W Y A D L M S
N O N E C R T O Y A T E O D T
W L E S G L N S E A B T F F E
O G G D T K A L I R P C A A E
N E E E L N I I I L M E M M M
E N L L N O E T M E A P I E E
R E E B I M Y N O E D S L D D
E W E A Y I N A I E D E I C P
E O N T N I V R T M C R A L S
T O Y O N I N O A S E S R E I
A U T N P T N E N I M O R P L
```

ACCLAIMED
A-LIST
CELEBRITY
EMINENT
ESTEEMED
FAMED
FAMILIAR
GLORIOUS
INFAMOUS

LEGENDARY
NOTABLE
NOTED
POPULAR
PROMINENT
RENOWNED
RESPECTED
VIP
WELL KNOWN

```
A N A B F A D N S A H M A A C
U L L E N H S Z O A E T K H H
F Y S C O T T E O B N Z Y E S
S H C N E A Z D Z C S M N B H
O Z A I D O B R E N O K B S E
A R M L A A D A A O N O P E A
A B A A D K B K A S T K K M A
A E A L N A M E N D O Z A O K
S N K T E E G B N U B H R G B
N E E R A I Z A O H A A G A Z
H P R S U S G I M L C N O N S
B D O E N B M H K A B R N C C
T A I L S A B A L B O A G F S
D C A F O T N N N I F F A B
H F N C S S O B E N Z A E C O
```

BAFFIN	GOMES
BALBOA	HENSON
BLY	HUDSON
BURKE	MENDOZA
CABOT	NANSEN
COOK	POLO
DA GAMA	RALEIGH
DIAZ	SCOTT
DRAKE	TASMAN

28. POINTS OF A HORSE

```
A O E N B R L E Y W K S Y C A
C W Y Y E A E L M S L C T A O
K O A S E N C E F K I K E L R
L B O H K B O K O B A N E N O
L L E T O G R E O E T S T L B
E E E I T C O K H L O I S P O
K I E O S H F K S N O O A O K
E A L S N I O L H B E N E L N
R L O S R C R E P E I T R H I
O R F P L E W K U O A F B M E
E L I I I M S E O K N D E E K
E H K O T E M L R F H R E I A
O D E N P S L O C E K C O H S
Y M A N E I O I R C N T I I R
C L O G O S I T O E O L B G B
```

BACK	HOCK
BREAST	HOOF
CROUP	KNEE
EAR	LOINS
ELBOW	MANE
ERGOT	NECK
EYE	NOSE
HEAD	STIFLE
HIP	TAIL

```
T E L H A O G U T N T O N I C
N T N I A P P O S T E R S U E
G P I F U R N I T U R E I H I
N P G U C U R T A I N S T S L
O L A C I T U A N I E T K G I
M F C R B N Y S C S E I L N N
S O R R E O H A G T S C F E G
F E D N O E H N S G Y A S F C
R L H E L C I E N H R U O I H
R A O V R T K I M M A C N L A
R O E O T N T E H I E M T U I
I S D I R H I O R D A A B O R
I I F L G I U S T Y T N A R E
U R P I H S N R P S T N A L P
R A L I E I A G I M Y R C B T
```

ART DECO	FLOORING
BOHEMIAN	FURNITURE
CEILING	LIGHTING
CHAIR	MODERN
CROCKERY	NAUTICAL
CURTAINS	PAINT
FARMHOUSE	PLANTS
FENG SHUI	POSTERS
FITTINGS	SHELVES

30. GARDEN IMPLEMENTS

```
M R E L R R E T F A R G P K H
E S F T R O W E L M D R R E R
E K C O T T A M L R D O S I I
S D H W R H G S O E F L D H P
C E A E Y L O A A S I D T A S
Y L R P C O T E O A L W N H G
T A O A S F F A L E A F L M S
H H S D K L H F P S R A K S T
E O D R A E L F N R U D A H C
E S H K E I W I F G R R I O K
I E R R W P A E E E K P V T
T H G Y D H P R E G E R S E D
R E N I C E P O D D E T D L H
R E O E D K D E L R E E E D E
L K R U W R K I D D H R H P L
```

AUGER
CHAINSAW
EDGER
FLAIL
FORK
GRAFTER
HOE
HOSE
LOPPERS

MATTOCK
RAKE
RIDDLE
SCYTHE
SHOVEL
SPADE
TAP
TROWEL
WEEDER

On the Loo
31. CHARACTERS IN THE ILIAD

```
M H R R A P M O A D A D L S C
L P O N B R D S O U E I M E S
S S N S U P O L E A R E E E N
P A E E C S O T N L N R R O A
L R G P E N S T C E L E I N J
R P A E H U E A L E O I L I A
A E E L A N C A N O H J H E X
O D E N O N U P B A E E C C H
L O S R U S D I O M E D E S A
S N E I I S U R A D N A P H O
S P N A E C G L A U C U S C E
E I S H A S S C E N S T M E G
T N R I R U I E R O T S E N O
P R I A M S E R S S A E N E A
O U N M P M M D B P A N N O I
```

ACHILLES	HECTOR
AENEAS	HECUBA
AGENOR	HELEN
AJAX	MENELAUS
ANTENOR	NESTOR
BRISEIS	PANDARUS
DIOMEDES	PARIS
DOLON	PRIAM
GLAUCUS	SARPEDON

32. ANCIENT GREEK MAP

E	S	H	T	Y	G	P	T	E	E	O	A	A	E	A
E	C	Y	R	G	H	H	Y	O	A	N	O	O	A	E
N	E	R	R	A	T	I	O	L	O	M	O	C	R	I
E	B	A	E	D	T	Y	I	D	O	L	T	S	H	E
E	D	T	I	T	C	T	O	T	H	S	O	O	O	C
A	T	R	H	Y	E	D	T	T	H	G	A	C	D	A
I	R	A	P	B	O	A	N	A	R	A	A	L	E	R
L	P	P	L	R	M	I	A	A	A	E	C	T	S	H
O	T	S	E	Y	R	I	E	I	D	R	I	A	S	T
T	C	E	D	O	T	O	R	O	T	D	Y	O	H	Y
E	E	I	C	S	T	R	A	A	Y	O	X	R	O	H
A	D	T	H	A	R	A	G	E	M	A	E	R	M	T
O	A	O	C	R	M	H	E	G	N	A	T	O	M	T
I	I	A	A	G	S	N	E	H	T	A	O	S	B	T
T	E	E	A	N	T	I	O	C	H	I	A	O	I	T

AETOLIA	DODONA
ANTIOCH	ITHACA
ARGOS	MEGARA
ATHENS	NAXOS
BOEOTIA	PYLOS
CORINTH	RHODES
CRETE	SPARTA
DELPHI	THRACE
DIDYMA	TROY

33. SCARVES

```
O K A L P O I A K H S U B A B
A F A T E F E R R Z A M K T U
A M U D T K E E G P O M S A L
M A V Y T A Y R T A V C T V A
U D L O T P P H E R P P O A A
I R M H M O K U A H R U L R C
R A B U U F L F D I C T E C I
A S M I F K T T E R K L O D F
R R U K F F E L E O H R E I I
O B A T E I L O A A F R M B C
O A U R T M B E D C U R C H H
S R R L E C L R R D U I D F U
A T I A E M A T M A B S S R L
R T A L L I T H T T E P P I T
U U H R C K R T R E B O Z O Y
```

BABUSHKA
BELCHER
CRAVAT
CURCH
DOEK
DUPATTA
FICHU
HAIK
HYKE

MADRAS
MUFFETEE
MUFFLER
ORARIUM
PAGRI
REBOZO
STOLE
TALLITH
TIPPET

34. MOTOR RACING

```
B T H I L P N O D H G I E M T
L A E E R N P R T R N E I I U
C U T A L D R I L M I A V B R
E O M I M O S D L S W F N N B
I S R T E R W H E E L R T S O
G B K N S T I R R T A R E P T
U R A H E A T E E D E A L E A
N H W R R R V N I B T P K D E
E T M I B I B O M T W A M A Y
K E I A R A E A T K L E B L Y
A N R D N G C N E C R E T S R
R I D K N H I T R O P H Y S U
B G E T H S A R C N O U A K O
N N A C D T H A A T N E O D A
M E E E K N A C R C E I P A L
```

BANK	LAP
BRAKE	PEDALS
CAMBER	RADIO
CORNER	TEAM
CRASH	TROPHY
DRIFT	TURBO
DRIVER	WETS
ENGINE	WHEEL
HEAT	WING

```
Y N A I L O E A N D E R Y L E
T A C C H A N N E L N T I N F
L O E E A F F E L T S R R N A
A M A N A R A W A R S L R A L
Y A N R I R N D I T L F S I K
O S O S A R A N D N U O E N L
L E I S H E T L A N D V O O A
D A K N A Y C A O C W W A I N
N R N R I S E I N A A D A L D
A A A D S T W N R E L N W R U
E U I W G N O D K A H G A I D
G N J Y E T O A D R E U E R N
E D I W R E D R R N O L O A Y
A N F T R R L O A I O R A A W
L R N M A R S H A L L H L B N
```

AEGEAN
AEOLIAN
BALEARIC
CANARY
CHANNEL
FALKLAND
FAROE
FIJIAN
FRISIAN

IONIAN
LEEWARD
LOYALTY
MARSHALL
ORKNEY
SAMOAN
SHETLAND
TUVALU
WINDWARD

36. SECURITY MEASURES

```
I  T  S  R  N  P  S  B  N  A  S  N  E  A  S
D  E  A  R  S  C  O  F  A  A  R  S  A  O  D
E  S  S  A  O  L  F  I  C  D  A  E  O  D  O
N  M  L  G  T  O  O  R  S  A  B  E  L  O  A
T  C  R  T  A  A  D  E  A  I  M  O  E  O  K
I  D  S  A  A  R  E  W  N  W  C  E  L  R  R
T  I  D  P  L  M  R  A  I  K  F  R  R  C  T
Y  E  R  A  S  A  I  L  T  R  T  R  S  A  I
C  C  S  S  F  S  R  L  E  A  A  R  R  T  S
A  A  E  S  E  N  W  A  R  O  E  D  T  C  S
R  F  N  W  N  C  S  D  L  T  D  S  R  H  N
D  N  S  O  C  G  C  S  T  G  M  S  U  R  I
T  C  O  R  E  C  O  U  T  R  R  E  R  R  A
I  M  R  D  T  A  H  O  T  I  A  U  A  S  H
E  U  S  V  O  S  T  N  R  A  R  C  B  A  C
```

BARS	FACE ID
BOLT	FENCE
BURGLAR ALARM	FIREWALL
CAMERAS	IDENTITY CARD
CCTV	LOCK
CHAIN	PASSWORD
CLASP	RETINA SCAN
DOOR CATCH	SENSORS
DOORS	SHUTTERS

```
A T Y H N T L R A S R Y U F K
T Y H P A N S Y S S L S U R W
N D D O C O M M I E R C A I E
E S R N S R U D L R H D S E R
G E A I U L R T R S I T G E W
A D M C B G S E I N E S E D G
M H T E G I R A M R A V V A D
Y E R T H S S U I S E R U D D
S R E T D E P A B N H U A H I
Y V T S Y H T E M A I A M C M
L I D M I U Y E I R F T E A A
Y O U S A R I O G N A D N A F
E L T V S N E A D I H C R O G
P E C I T R I C N T A E S O R
T T R E P R I N D I G O D N E
```

AMETHYST	MAUVE
BURGUNDY	MULBERRY
CERISE	ORCHID
DARK	PANSY
FANDANGO	PLUM
FUCHSIA	ROSE
INDIGO	THISTLE
IRIS	VIOLET
MAGENTA	WISTERIA

```
H Y A D I L O H H O O K E R P
W I F N I Y R E A I I S R Y I
O E U N O T H H P R C E H N S
R V O D O I E P O H P K I I V
V A L E H O R H P P T D S L O
N H E O O O V O O Y U E H D D
D R F S H B E H N O L O I R S
R F U R P K Y O H E L L A U H
A H O B A P S H H M N A O H U
W T C I P D U U E K R T D H T
O H D Y U E S S O N H I T W N
H O S H S C H D I S R E D H U
H M H H I N E S I I A E E E H
N H H O H U S T O N U I U L H
S H Y O F B N H O H I I A R H
```

HEPBURN	HOOKER
HERVEY	HOPE
HICKS	HOPPER
HINES	HOUDINI
HODIAK	HOWARD
HOFFA	HUDSON
HOLIDAY	HUNT
HOLLY	HURD
HOLMES	HUSTON

39. PLAYS BY ARISTOPHANES

```
S A D S S F R O H E R O E S S
R P O A E W N E E S T U H S Y
T E P F N K L S C R S E T I O
A A S O D A O S A Y G E L U L
N S S D L R I S E A O S A E S
C S P P Y Y R D P S R E E G P
E K O G R E I S S S F S W A S
N S A L M O N D O O E U R D A
T N G R A S A L U N H T O L W
A R A H S K A G I S T U K O E
U F K D D D O T O T P L U O H
R S R T I N R K G N A P U E T
E S E A S O N S R O R A S E D
T D D A E R S T H E B I R D S
A A P R S K R O T S R L E P U
```

ANAGYROS
CENTAUR
DAIDALOS
DANAIDS
FARMERS
HEROES
KOKALOS
OLD AGE
PEACE

PLUTUS
POLYIDUS
PROAGON
SEASONS
STORKS
THE BIRDS
THE FROGS
THE WASPS
WEALTH

On the Loo
40. HERALDRY

```
N E T E D O T T O M A E E T E
E E R D N E C L X R U O O T S
A T S B E Y O N R C A R L B E
S G R E D E S F A E S U L N G
L H T A R R R I A E T A S U F
F I E L D R E A T C Z X L A S
T R E V E U Z E A O R E E L A
E R C E R M C E N E S E E D E
E I E B E N R M L C T C S T R
R A N R E L F E S S O E S T T
T V U N S C B R E A E N N E T
C Z E E N Z E A E G R A H C H
A D T E E V U N S T V E E I L
R R L E R M I N E T A Z C S R
A R G E N T E E A B E B G E S
```

ARGENT	FIELD
AZURE	GULES
BLAZON	MOTTO
CENDREE	MURREY
CHARGE	SABLE
CREST	TENNE
DEXTER	TORSE
ERMINE	VAIR
FESS	VERT

```
P T E N O V E L N F E E O I G
T E S R P T P S A E R X P G S
R S S R I S T D G T I L L E T
E T S E A I O A N D O O T C N
W A O T P W P O N T S T S O E
S D N P L T T E T S I N I N T
R R E A L D P L A N N L O E N
G O S H D P W R G T O K O T O
R W T C A E Y S O F O O C T C
R E O R O A T L I W O O Y T B
N R R R O T A R R A N B X A I
L O Y D O T F W G V K E O E A
N F T E I O W D X E T O E D R
V X X S S I N D E X A A T R H
P O A T I T L E C N E T N E S
```

APPENDIX
BOOK
CHAPTER
CONTENTS
FOLIO
FOREWORD
GLOSSARY
INDEX
NARRATOR

NOVEL
PAGE
PLOT
SENTENCE
SETTING
STORY
TEXT
TITLE
TWIST

```
U N E P A O S N N E T A E N E
I P W T S S O A N P E D A L E
S K O A L P H R S H E P U R S
A L E L L S A I E A N E E D C
T Y A A I D M R N L I N W M V
H S N U I S M E K E H A L S S
S E Y R N R H U I L Y E P K U
A D S D I D I V U N E L E Y O
W E T N R H E B E C N C M T T
N L S P M S S R O Y A I P E N
W E I W H A N P A E D V T L B
E A B L Y D C A D E R I Y A M
I S L R E V U D L O U U T V T
A V U C S U E S T D R Y B E S
U D E R T N E Y T U V W I P E
```

CLEAN	SHINE
DRY	SOAP
DUST	SPARKLE
EMPTY	SWEEP
LAUNDER	TIDY
NEATEN	VACUUM
POLISH	VALET
RINSE	WASH
RUB	WIPE

43. FEELING POORLY

```
F E N S F A I N T I N G E G I
A A E E N S N A C D N A S N D
O E T S H N H E I E H N A I I
H T S I T W A I A S O U I T Z
A A P R G N T S V R S A N A Z
V O M N R U I N A E A A P E I
S R A E S E E A A L R C N W N
S H R M S G V S P E P I H S E
E T C D H E N E N E I A N E S
N E D S L E G I F A L G I G S
K R D N E O A S I M A C N N E
A O I Z N R C U I H H D S H I
E S I M G H N A N E O S E U E
W N A I E G N I H G U O C L M
G C M M E H C A D A E H L N T
```

COLD
COUGHING
CRAMPS
DIZZINESS
EARACHE
FAINTING
FATIGUE
FEVER
HEADACHE

MIGRAINE
MUSCLE PAIN
NASAL PAIN
NAUSEA
SHIVERING
SNEEZING
SORE THROAT
SWEATING
WEAKNESS

```
C T L O H F H D R A I N R L R
G T E A T Y O O A W C G O L O
O E N A C I E O I A P E R A O
C T P W A A D N R I D E C W D
Y K N N I G R P M G E E D H H
U N A A A N S E E I A D D A E
T N E A E E D H E H H R E A E
N E L C G L D O N G L C A H L
I S T N H U G A W E D A H G S
N E P A G T T A L K T E K Y E
M V O E G G A T R D E R H P A
P A R P A G O P E D R N T N R
Y E C I A E G N A R E H N R C
O H H P K I T E A G W N V E F
E N E K N N E D D E I E S W L
```

CHIMNEY	KENNEL
DOOR	LEAN-TO
DRAIN	PATH
EAVES	PIPE
GARAGE	PORCH
GARDEN	ROOF
GATE	SHED
GUTTER	WALL
HEDGE	WINDOW

45. ROSE CULTIVARS

```
E P I A A U Y E P E A U I T A
U P Y S C S C N R C R C I E U
G O K A P U E O A A C N E R U
I S S O A A P A E F L I H C I
R N Y S N I H C S N F F A E K
T O N E A L A A A H I I N S P
N R N E U N E O N K E N T U A
I T U K D R G O C E E L A E S
H C S A A E O E N O E V L L C
R E K O D D C P L V C I H I A
A L E C A I O S E F O T F N L
C E U G T N I A R A A O O A I
O K I I A P O L C O N C D H E
S R F O O S U F E I P A E O C
B E E B E W I T C H E D A A O
```

ANGEL FACE	INTRIGUE
BEWITCHED	ISPAHAN
BRIGADOON	PASCALI
CUPCAKE	SEASHELL
EDEN	SECRET
ELECTRON	SUN FLARE
ELINA	SUNNY SKY
EUROPEANA	TIFFANY
HOT COCOA	VOODOO

On the Loo
46. COUNTRIES

```
S P O U O A Y I N D I A I A I
Y E A J P A A O A I A N H N D
N R A N M P D N D G C U U A B
N U L N U Y A A A G I N C H A
N I E A E Q B B I Q A U H G C
I I E P I M N S H A R N N S A
Y N N I A U M Q P S A Y A N D
H H B U H N A Q A A R A Y D N
A N D N B O L A A R I A S Q U
N B B P E B T N A A I N T S Q
A F U A N A A P A N P S C A P
R I A A I G C H Y M N R A A Q
I J A N N D H I M G O Y C N N
R I H G N A N R A A E G T Q A
```

BENIN	IRAN
CHAD	IRAQ
CHINA	MALTA
CUBA	OMAN
EGYPT	PERU
FIJI	QATAR
GABON	SPAIN
GHANA	SUDAN
INDIA	YEMEN

```
A A U K A K I H Y I A I I I I
A A A N U R A V A I N G S A P
U A N A N A A V A A A H N A U
A Y U I P H H M M D H A I A N
P N Y A R K Y N A R Y K S N U
G R N A I Y U T A H V H I N I
A A Y I T A A A D A A R T L H
S A Y A H H S N K Y H A A N N
P U V A V K A A N A Y J I T H
Y R K I I T S U A O N H A U I
A N A A A H H S N A T N R N A
I R M N I S N I B H A I R A V
I N I K A H I T K A H S A A H
H A N A Y G V G D I Y A U A N
A V A Y U P N Y A V I S H N U
```

AKASHI

ANJALI

APANA

BHAIRAV

DHYANA

GYANA

HAKINI

KAKI

PRANA

PRITHVI

SHAKTI

SHUNYA

TADAGI

UNMANI

VARUNA

VAYU

VISHNU

YONI

48. BUDDHIST MEDITATION

```
G Z V T H S A T I H H A A N D
A H T A M A S A I E G R N S K
H N I V K M A N T R A H A N E
U A A M A U V S S N R I Y S N
A D V D S A S I A N A C H N E
T A U E I A N H P A H O D P Z
O A I A N R A A N A N A K N A
U N S N A I A A N A S A A P Z
A S A A S N D T S E D S D D A
S M M V A I I H R A A S A E A
G A A R T N G N A A Y O R N V
U S D I G I O H A R V I I N A
A I H N N A H A T S M H R T I
A I I N N I H N I K H A E I A
I A Z A H V S E R E N I T Y V
```

CHANTING
DHARMA
DHYANA
HUA TOU
INSIGHT
KASINA
KINHIN
KOAN
MANTRA

NIRVANA
SAMADHI
SAMATHA
SATI
SERENITY
VEDANA
VIPASSANA
VIRIYA
ZAZEN

```
A A E I M I S S Y O U K D S A
J D M T O V V O T E D N S T V
N W M S N E V A E H O E A O A
A A O E E R U S I N L K R T I
A D D L O A R V H W Y A S E O
E C E E B C I O A T O O U K C
O N E M L I A L T J A R O C E
U O R N F E F I D M E M L O L
Y A F U T T K R A H M D A R N
R N W W U G R M A I H T E D N
E G O A S J A U N N F V J K D
T E B M N G N E O P U D L O H
N L T T U T L L E A L P N N A
E F H S E A A Y T R A P O I U
E E J D P H A I R A M E V A E
```

AVE MARIA	I CARE
BLOW	I MISS YOU
DEJA VU	JEALOUS
FLAWLESS	KITTY KAT
FREEDOM	MINE
HALO	NO ANGEL
HAUNTED	PARTY
HEAVEN	ROCKET
HOLD UP	SUGA MAMA

```
E I N I S H A M O I A I S R V
A R L Q I I A P E T U S L A A
E H D S U N A J T L N T I M T
T E T L N D E O S P Y L A C O
L A Y A I N Q A I S Y Q I K T
N E K I E L P A Y T M I S I S
A U U L O E A H N S I C H V E
T A E B V Q T Y A R R N R I L
I H S O S E A L S E A S D U E
T N I N T T I S O B I E Q T
I D T B L A S A L T V E S A A
S O N P E T M A E A N R O Q T
A A P N N I V Q I E A N A H O
A O E A M N D A A O L P E T P
Y E A N N S D T R A E N O I D
```

ATLAS	PAN
CALYPSO	PHOEBE
DIONE	RHEA
HELENE	SIARNAQ
IAPETUS	TARVOS
JANUS	TELESTO
KIVIUQ	TETHYS
MIMAS	TITAN
PAALIAQ	YMIR

```
S A O I S I D A U S T I N M A
I S T A O N O M A O S A D I N
E D S O I I R R Y D S A G S D
R A Y P K S S R L N S R P S A
R O E A N A A A O A O S D I L
A N N R R I D S H E N I I E A
T J D I A A K R G A J D A I R
O O Y S N C S D T O R R O S A
S O S J A D A R R A S A H O I
A D J J O D O D A I R N O D I
G A S M I Y A A I N N E N E O
N I D O S N O T A M R S O S O
D R N I N D I A A S N K V S D
G A E M A A O E N R V M E A S
R U A N O S I D A M R A D D A
```

ASIA
AUSTIN
DAKOTA
DEVON
GEORGIA
INDIA
IONA
ISRAEL
JACKSON

JORDAN
MADISON
ODESSA
ORLANDO
PARIS
SAHARA
SIERRA
SYDNEY
TROY

```
R A I E E S L P S L U G I U N
S R E I L P L P Q W A S W A E
I N W H S U N U G E U L G Q H
S R L C N A W L S P N L L L E
R R I G P U N G M A I W D R H
E N E A H E R A U Q S C E C Q
C R E R A L L N D H N D N S D
N I I R M C L L A N E E I E
I L S U M U R R I A R H A R S
P U E L E P S L S W T H A E W
P L C E R M E A M A R A S M D
L A L R S S H L T E L L A M
N N I I L E S I H C P L A N E
G Q R E R E A L C E L L H E R
G N Q U E D L M C L L I M E I
```

AWL	PINCERS
CHISEL	PLANE
CLAMP	PLIERS
DRILL	PLUNGER
GLUE GUN	RULER
HAMMER	SANDER
LATHE	SAW
MALLET	SQUARE
NAIL	WRENCH

```
A K T P E T J M H S G U E L P
P U D A E A R M P A U T I U T
U A L T T T U L U E R A Y J J
L D R T T A I R C A T M R A A
L N E T N N K L V K R P A E A
M A U K E R E C T A K I U R Y
A L G P R R O T C A R T D T T
N H G I E L S T M T R A Y K C
P A E R K D U R A T A N A G P
H A K R N O I O G A E D T U E
A T G L I G R I L A A E T N A
E D P S J C L K E J A M O O O
T M R P U A K A V T D O D G T
O R K A M R R L S U L K Y M D
N M A R Y T K S J D O G M O R
```

DOGCART
DRAY
JINKER
LANDAU
MAGLEV
PHAETON
PULLMAN
PUT-PUT
SLEIGH

SULKY
SURREY
TANDEM
TANK
TRACTOR
TRAM
TRAP
TROIKA
TRUCK

54. LAUGHING OUT LOUD

```
R A E W T L H S T O O H O S F
F E A H A W A I R C E C P B O
L E T E C A T A H R A O R H E
K E P O A T H U A C N R O E L
H G A G E A C E H W E N E S L
S U A R H K G O O G L H N O R
N F L F L T R L G R E I A K E
O F O E R T L I E E C G L G E
R A S K L E N E T K S A S I L
T W H E B S S E E C R U C G M
N L F E I A T R G K E R R G A
A A L N E N R N E H O G O L E
U T R K E O U E S E L T R E R
R A S H R I E K E A N A O E C
E G C C A C K L E M H O R I S
```

BELLOW	PEAL
CACKLE	ROAR
CHORTLE	SCREAM
CHUCKLE	SHRIEK
GIGGLE	SNICKER
GUFFAW	SNIGGER
HA HA	SNORT
HOOT	TEE-HEE
LARK	TITTER

```
I G L A S S E S E A Y F I S U
C A T A B G L A L E L A P H S
U T S L S S K I L V I R A A A
D I S S L N O B G E L O F R L
N E T N G R I L S H H H S P Y
O P S R B S N K S C T S R S R
I L N U I Y E U G L H A Y H R
T L E V C H N A A S R G U S U
A E S N U O C L O S E T E R L
T T N H S S F S L A A O P E B
O T T E A E R Y R S N G U B L
R E N L A P S I G D L S P M E
U R L L Y R E L R O A I I U E
K S L C A S U S N R L R L N A
A E A R F O G G Y R C I K S P
```

BLURRY
CLOSE
DARK
FAR
FOCUSED
FOGGY
GLASSES
IRIS
LENSES

LETTERS
LIGHT
NEAR
NUMBERS
PUPIL
ROTATION
SHAPES
SHARP
VISIBLE

56. CLEANING EQUIPMENT

```
P A U S C S R P R T R L P D D
E I D L N E O S P U H A R U B
S I E S N M X U T A O E B E R
U L S P A E H A O S R L U I E
P P C R P U A T W U E M C U T
S Y A R T I D E O A C I K O S
E A L W S P C C L P S E E U
U R E A U A S H S E C P T D D
A P R G D M B H P R R S P I T
H S A E E H R R M L P S G U S
S H X P S C E O A O U S P Q B
U S A I E N O B N S U N P I R
R I L G R R B G B E I S G L O
B O H C B O E X N R S V B E U
P E P U R H T E U I U S E H R
```

ABRASIVE	LIQUID
BLEACH	MOP
BROOM	PLUNGER
BRUSH	POLISH
BUCKET	SCOURER
CLOTH	SOAP
DESCALER	SPONGE
DUSTER	SPRAY
DUSTPAN	WAX

```
F O K L Y D O F I L I S A L D
K A B I S E N L R R F S M K A
S I N K L O N K O P O G N K W
E K O L L P I S F H G F M E
I R A L O A S M A E E S N W R
L W S K A D M M A L D O N F U
B O L T D R N N L L O W B H G
C S N A I L O A G A O E D H O
A I E L E S H R B O D O S K K
S L A L N O K O D R O Y I O Y
A L K K K F O L L R L Y O C N
T E L K S S O K A L F H R R S
Y K B I O C R O O F B K M O L
I D G S K K R I G L N F N F T
O N H F F A L K L O D I R I W
```

BED	LOCK
BOLT	NAIL
DESK	ROOF
DOOR	RUG
FAN	SIGN
HALL	SINK
HOOK	SOFA
KEY	WALL
LAMP	WOOD

```
H A V E L E B I R Y H S T T L
I T Y E N I A T N U O M B E O
A T J K M Y T I S Y N F J L I
E T A S R H D E N E K C A R B
D T E I T R C L E A T H E R T
R E S H L T I I E L O A A R I
A E T W Y A I R R S A H N O S
H F R N K O E N E T E M K Y E
E D I Y I V E N A T S S A A F
A L D L L A S U A R R O O L L
C L O I M I P E R V E E D T Y
L L S A T Y N O R L A O E A E
I E E I L A D D E R L J R E E
F A V A E A R A U E E A O L I
F E I N B T W A S A R I W F T
```

BRACKEN	OAK
CLIFF	OSTRICH
FILMY	PAINTED
HARD	ROYAL
JAVA	SENSITIVE
LADDER	SILVER
LEATHER	TREE
MALE	WALL RUE
MOUNTAIN	WHISK

```
N U N A A L A I N A R C A I B
C I T S U O C A I V F U I O T
A A S M P B S L T A G I U O P
A G E C Y A S O A A L T S O R
N R A X I E X C I T O R G C A
N C X I N A L A O N A U O C D
A Y G H A F T O O C L C I E I
E T N L R N S I N H H T A B A
S O C A P U L I C L P A I I L
P N R A D G T A E O I X L U R
A O Y I N T V A A I C O A L A
N T N A Y O R A U L O N I G N
Y I G H O I A L G U E O C C L
S L I N G U A L L U L I A O U
N I I R I O C S C U S C F C C
```

ACOUSTIC	LINGUAL
AXON	MYELON
BOUTON	NIDUS
COCHLEAR	OPTIC
CRANIAL	RADIAL
CYTON	SCIATIC
EXCITOR	SYNAPSE
FACIAL	ULNAR
GANGLION	VAGUS

60. COOKING TERMS

```
U S E U P E N T P F K T S B O
X O B O M O E B H B A A H O X
A X T H E T H T H O X S M I P
R S S I F T O C X S S D B L R
R M I K S S W X N L A E T S S
S L R U X R U B K E R M R C R
T T O O B O O R X E E K M U T
E R E S R N R P B P I I C B C
W L O K E H A E R R X E K A C
I S U S Y B E E N R B A K E X
B B P T I E S F R Y I H O D A
E S S I S U U R A U M E U F E
B S O R C B O S S C B S S R I
F U I T Y I I E S R T N O A F
U E T R R P K R R I S C C U E
```

BAKE	MIX
BOIL	PEEL
BONE	RISE
CHOP	ROUX
CORE	SEAR
CURE	SIFT
DUST	SKIM
FRY	STEW
MASH	STIR

61. SPANISH NUMBERS

```
O S E I S N C N O S E O E C O
E T C D S S T R E S C I C U C
N U O T D U S T I N E C E R T
O N C C T O E O I C S E E R E
A E E S O C C I I D O T O Q
C S C E E E U E E U C O R N S
C E N C C S D A E I C V E I E
T S I R N N E N T H O Z E I D
E C E N T E I N I R T V S S E
V T C E R O I U T R O E N O U
E E Q E S S E C Q A O I E O E
U O E E Q I E U V O C N T D V
N I O C H O O T N S R T E N D
E C N O D D O S O O N E I I E
R V S A U S E V E I E I S Z R
```

CERO
CIEN
CINCO
CUATRO
DIEZ
DOCE
DOS
NUEVE
OCHO

ONCE
QUINCE
SEIS
SESENTA
SIETE
TRECE
TRES
UNO
VEINTE

```
H S P I S A E I U N S E T W T
T A R A H E R B A L T E A S E
O R M A E R E L A X D E D E R
F O P E O W M B M M N R E T U
F A D R M T O R M A I U T E C
A A R W S D N O M S W C O P I
C P S A Y S O E T O N I X M N
I C H W R R E E M L U D R A A
A S R E E E A R E T I E O M M
L A T C S M G L T S A P U M M
P U I E R L I A R S N E X A E
A N S O T X E O S E E A R H R
M A O R M T B W E S G D E T S
I M O E M E N C O T A M F L B
R X I I M E X M O T D M I A C
```

BODY WRAP	MASSAGE
CLEANSE	PEDICURE
DE-STRESS	RELAX
DETOX	ROBE
FACIAL	SAUNA
HAMMAM	STEAM ROOM
HERBAL TEA	TOWELS
ICE ROOM	TREATMENT
MANICURE	UNWIND

```
O T D I T F R U O Y O C R R R
O O O S E W E S W H R O D R Y
E N O E S P H P A E Y R Y L R
G I S R C O U O R E L D E D R
B C R E U S D F T O E O E H O
R S S S O E I F S D V I O O S
U E E T L R O T L I F R S E B
T T S L A E R S N I N D H E L
E D U O O U O T T O C U F R U
E M R Y R V A R T S L F T B S
W L E T Y G O S E U E R I M H
S I D O E F R W E T I L E N U
U I O S O R O L O N R L B V O
F O F U O E Y A F A C O O A B
Y E H C C T U R E T L D P I T
```

BLUSH	RED
BRUT	ROSE
DRY	SEC
FINO	SHERRY
FORTIFIED	STRAW
HOUSE	SWEET
MULLED	TABLE
OLOROSO	TONIC
PORT	VINTAGE

64. FOR RUNNING WATER

```
R H V V S E B U T G L E O H W
O I D E E F H G U O R T I A L
O G B O G S E L U U P O N L U
E V O O R G L R G U L L E T F
A C E A E Y N E B E A L B M L
S D E M U L F I B H R U C A W
O E L E E L S O A R U E E E L
L A N A C S W E T R O U L R L
L H E T L T U O W E D O E T L
S O L U E F I S L E R L K S R
U H I W E I L I G L R I L R E
O C C P F P L P V E O E R I E
E T I T O O R H L I E H O V L
L P P H I M R O D G S U L E U
G U C T U D F N T T T L E R E
```

BROOK	HOLLOW
CANAL	PIPE
DITCH	RIVER
DRAIN	SEWER
FEED	SIPHON
FLUME	SLUICE
GROOVE	STREAM
GULLET	TROUGH
GULLY	TUBE

```
S O U L T F O N Y X E T H V I
S E N E E L A T X E E T A E W
N E C N A E S L S L O K S X A
U O T E X J M R U U R E N N N
J O J J O N U M M U T I X L D
S D P E T C A L R N J U A E E
O O H E R T L R A S N U L T H
L O E I T E I A H E U L A V Y
I V E V P M O D C M L F S A H
G E A S R S P O R T E N T R O
I I U E V I L E Y E M O J O L
S A R N J K E P F U N E O T N
J N A U M D C E R O J X C N T
W U T R M E E I F L U U L F X
T L I E T L E U R S O R J S A
```

AMULET
AURA
CHARM
CURSE
EVIL EYE
FATE
HEX
JINX
JUJU

KISMET
MOJO
PORTENT
RUNE
SEANCE
SIGIL
SPELL
VOODOO
WAND

66. UNDER PRESSURE

```
T R U U S L D G C E H S Y Y T
L U U S L R O U E R G T F R U
T S H U C C O B R U G C S R H
E H U G T N S C B E H A H U E
E L N E T S A H H Y S H S H L
S E T U C A F O R C E S A T T
H T F S T I S C S D U C U R Y
E U R A U N E T O S E Y Q H H
E E E E E H E U R E C H S H S
S H E U S V R G V A R H A T C
S R H B Y S R S R T I C S E R
R I O C H I V V Y U S N E A U
E U S Z S S M S S D A O G V M
E O R U S E L H S E S E E C S
R G Q D Z E Z E E U Q S A D E
```

ACUTE	HUSTLE
CHIVVY	LOBBY
COERCE	RUSH
DURESS	SCRUM
FORCE	SQUASH
GOAD	SQUEEZE
HASTEN	STRAIN
HEAT	STRESS
HURRY	URGENT

```
R N B A C C H A E E Y E H E S
U H E T P N O H T E A H P R E
E T E L E P H U S N T A E H H
L N S S C T T E E O I E I S C
E E S E U O D O A I H L R H Y
C S E S P S S S A B U C E H C
T C L N E O A E S O E D P O L
R S C A L E I I D E R R R S O
A H A T S S T T H A T L I S P
N S R E E S Y E N S I S C P S
E S E R E Y L T C A Y L E T O
L S H C C E E L C P D H E R A
P P L U N L U H H I H E S P O
E A P I A E E U M E D E A H S
N S R S E T S P T E N O H S S
```

ALCESTIS	HERACLES
ANTIOPE	ION
BACCHAE	MEDEA
CRETANS	ORESTES
CYCLOPS	PELIADES
DICTYS	PHAETHON
ELECTRA	RHESUS
HECUBA	SISYPHUS
HELEN	TELEPHUS

```
A R B T U P C M U L Y I P I B
I A A A A W R L R L L L A P E
T B A A G M I A F B L R S E N
A W I E I R B E E K M R T C
C H S S P P N A B P C L A P H
H E S I U I M R C C A A B U L
I E L L H S A A L S R A L T R
N L L C S B R L A S T E L R A
U U A E A E E L T L A S I N B
P M I L G G T H L H U R M L P
B D L N C P G N E T Q P D D I
A E B U L I R P M L S E A E D
R A R E E M O E B C T T E R O
T L C W G R B L S D E S R M P
A S L L F A H K A S A I T L C
```

AB WHEEL
BALL
BARBELL
BARS
BEAMS
BENCH
CHIN-UP BAR
DIP BAR
LEG CURL

LEG PRESS
MACHINE FLY
MAT
PULL-UP BAR
ROPE
SQUAT RACK
STEP
TREADMILL
WEIGHTS

```
T O W D O M E W M A C E I W T
I F W U L L I W S T G H R P W
P E O L L M O U E R W A S P A
T S O A P Y C W U P E D S A P
V D R Y K Y S P K L I O U K W
E A E C P W S C C S E W Y S C
O E L E I D I F I S C I D O T
S C L E P P E Y O B B S I S S
P I A P T A M O P D U W T W E
T W R C O M B D O U S R A S S
E O L G P D S O H E W B P F F
S I W C T L S R O V E S P F U
R T G L B O O S U S E W I U S
P E S D L O A W B E P E B B K
I B D S A Y K T M W W C S R A
```

BUFF	SOAK
CLEAR	SOAP
COMB	SWAB
DRY	SWEEP
DUST	SWILL
MOP	TIDY
PICK	VALET
PURGE	WASH
RUB	WIPE

70. TYPES OF SONG

```
N T N T G L E N C Q A D S L A
H A Y C D C T N A I I C A D M
E L E G Y H L R O T U G B A E
L Y B A L L U L T Z I N C L I
G G O N L N C Y E I N A G L U
N M E U L S C A C E N A A A Q
I I M C H L C O N T Y A C B E
J T L A H M E A A T I P N C R
N L N A I R E T R L I A P O P
M T E A T A A H N O L C S A G
Y S T E H Y O T T Y L P L E L
H P E C N C C I T N Y A A E I
I D A U T O C A E L A A B A S
H B R E L A T H A I I L H O R
C A A T D B O C H N O O H A M
```

AIR
ANTHEM
BALLAD
BLUES
CALYPSO
CANTATA
CANTICLE
CANZONE
CAROL

CHANT
DITTY
ELEGY
HYMN
JINGLE
LULLABY
POP
REQUIEM
SHANTY

71. SCARY MOVIES

```
C S T S T U T A R E F S O N T
G D H L H N I S R N Y N E H E
S R E H E H R N A H T A E O I
A I T F S I E M S U I R H A R
L B H U H N Y L O I I O O S T
U E I D I D E T L N D N W T D
C H N L N I E E G R T I D H U
A T G A I G E O W H A A O O E
R I C H N N H A H O T I D U N
D L N L G R D E L C L A S E S
U U C A R R I E N I Y L G E H
H D U N E M O E H T E S A H R
N H E R E D I T A R Y N P H U
M N A B N O I S L U P E R E D
S T A C M A E R C S M D E N H
```

ALIEN
CANDYMAN
CARRIE
DRACULA
GET OUT
HALLOWEEN
HELLRAISER
HEREDITARY
INSIDIOUS

NOSFERATU
PSYCHO
REPULSION
SCREAM
THE BIRDS
THE OMEN
THE RING
THE SHINING
THE THING

```
L L O U Q I O O O R A G N A K
L D R W Y G N Q A K K O U Q Y
Y S I A A L N T U M E P G L N
R W U N Q L G O A N N A N G D
E O L P G G L N T G S L N S P
B M E B Y O B A U T S K K K U
I B K C P T R A B D E I A A K
R A N G H M A G U Y N B N M O
D T L L K I B L R K K I U S A
G A N U C R D Q P L A S Y K L
T A I P A N E N L O S N B A A
U L E K B S N A A O B H L B O
B T N A D B P B P U R D I K P
G U E G E E I B L K Y I B D U
Y D Y L R O K L U L L A O R O
```

BETTONG	PLATYPUS
BILBY	POSSUM
DINGO	QUOKKA
ECHIDNA	QUOLL
EMU	REDBACK
GOANNA	SKINK
KANGAROO	TAIPAN
KOALA	WALLABY
LYREBIRD	WOMBAT

73. INVESTIGATORS

```
C O P P E R E E H E T H N R C
T H L T S R C V O N W O S P O
S P P O L K U K E O T T I I C
L R A S O E A G D O H N R N E
E I U D I E A A R I V E T K V
U V P I D T H E E E K H O E I
T A F R E S K F S H Y C O R T
H T P R R C C T G E C P N T C
R E C S A A I E H T C P S O E
I E V R T G J A C K O U V N T
S Y T C A P O P E R A T I V E
R E H T L C O N S T A B L E D
E E O A T B I T A I L K K O Y
R R N E O S H E R L O C K C V
E T E D N U O H D O O L B K E
```

BLOODHOUND
CONSTABLE
COPPER
DETECTIVE
INVESTIGATOR
JACK
OPERATIVE
PINKERTON
PLANT

PRIVATE EYE
SECRET AGENT
SHADOW
SHERLOCK
SLEUTH
SPY
TAIL
THIEF-CATCHER
TRACKER

```
L U G T S E T T A N S B C H T
O U T O E T S A H C L S M T H
E E L B O N A R T A T T E I G
Y A L R E D E N M L T L S A I
N T R R C P C E D H U B R N R
Y R E I O Y L S G A D R Y I P
I E I R T E T I U E R T O S U
G T P G S E A I C O I D T C I
U H O S H R N E R L U C S D T
S I U G T T N N A G G T E I S
O C A S G T E R T G E A R R G
P A I A D A O O L S L T U I P
U L S Y R M E A U S U I N U V
S B E E C E L P T S R J R I O
N Y C T C U D N O C I E E T D
```

BLAMELESS
CHASTE
CONDUCT
DECENT
ETHICAL
GOOD
IDEALS
INTEGRITY
JUST

MORALITY
NOBLE
PROPER
PURE
RIGHTEOUS
STANDARDS
STRAIGHT
UPRIGHT
VIRTUOUS

```
V U P T E A O U D U O O E T P
T A I E A R N O A R R E T R T
I R R P N T E E R T S O E A T
D E O U S I U M A T S E R E C
I F I R N O I E E R Y O Z A E
N I E O R A R B R Z P O N E P
A L E H E T O P O M H A A O U
G A I T T N A V E M M B M O T
N E R A M N E L H N T O A R N
I R P V M U R R V O N N R A A
G I Y U A O V T A A U B R N I
O E H E Y I A D Y T M A O I R
N S S M R Y N A U N I J I U S
A A N N Y F R S N I I V U O E
P U N A N A I D R I Y E M A O
```

ABNOBA	LEMPO
AGNI	POMONA
ARTIO	SUIJIN
ASH	TAPIO
CERES	TERRA
DIANA	THOR
EOSTRE	VARUNA
FREYR	VAYU
IOUNN	ZEME

```
R S Y U K R I Y N D D D I T M
R R V A E D N T R T I E E D E
C I S I S N I E N A U D R A C
I A A E A S S A M A A T C S A
T P S N C S E R M I V S O R R
S U R E E U E N L S D R Y R E
E A A R D B R Y R D Y V E R R
M E A A M M S I I E V D E S R
O R I A S U R A T I V D A R E
D I H U T E M R K Y R O M L A
G C H S N E R S I E G U G D A
C T I A S E R D R A S U N M P
A T E U K I T C H E N M A I D
T L O E T T E R B U O S D R E
C H W A I T R E S S D C N L D
```

AU PAIR	KITCHENMAID
CARER	LADY'S MAID
CHAMBERMAID	NANNY
CLEANER	SECURITY GUARD
DAILY	SERVANT
DOMESTIC	SKIVVY
DRESSER	SOUBRETTE
GOVERNESS	TUTOR
HOUSEMAID	WAITRESS

```
D U H N H A E M K I E L M R G
E L A M U N I C H S E U R I L
E E M N I N I M O L N D E C N
E I B N N E I I E S L F B O E
M P U L D E N M T E D E F R D
B Z R M H O N E F V R H G E A
O I G N D S R E H L N R O V B
N G N I C R L T I C E E R O S
N A C B E E E N M B A N U N E
M I M O I L A S M U O A B A I
I M N B L L D E D N N S B H W
N U E G E O R E R E L D L R S
N R L B S U G N G L N N N E N
L E T M N R N N N R E O N E L
N E S S E R B H E A N G O R M
```

AACHEN
BERLIN
BIELEFELD
BONN
COLOGNE
DORTMUND
DRESDEN
ESSEN
HAMBURG

HANOVER
KIEL
LEIPZIG
MANNHEIM
MUNICH
MUNSTER
NUREMBERG
ULM
WIESBADEN

```
C A R A C A L S A O E E T V L
O R E P I V Y D T A C D N A S
H T A N N L D R A C O V L D F
E T O A C A A I E A R W R L X
R E T I X A O A X M Y L O O L
R T O R T O I S E E X W T S E
M E D R D H B A A L D E I K T
C A E R L W T U B R C O B R A
J H O E A E C S A E N O I L L
T A E I R N O A Z E B R A P R
Z Y C E D U E P O S T R I C H
A D E K T I T Y A E F E O E Y
A H K E A A Y L H R H A I E K
P V D R C L H U U A D A L N C
L M E E R K A T A V R C C B X
```

AARDWOLF	LION
ADDAX	MEERKAT
CAMEL	ORYX
CARACAL	OSTRICH
CHEETAH	SAND CAT
COBRA	TORTOISE
HYENA	VIPER
JACKAL	VULTURE
LEOPARD	ZEBRA

79. PEOPLE ON THE MONEY

```
N I W R A D N E W T O N N R Y
G S F Y N S G T T R V R A A R
U D N D I C K E N S N L D N S
B O U L T O N W A O E A O O C
A G N T U K W O L I R S N S R
T L A F S W W B G A E R N N Y
N A L C N O U H F N E O D E A
I S S I H O T L R T T R L H B
V L O E H H L N N G E S A P W
L E H E A C E C N N E D R E S
E R F R Y T R I R L S E Y T E
K A F E S L L U L W T H N S R
O G E U C L T E H D T U L O N
G L A C E K W R G C A O E U U
L E A W F W N N E R W T U A D
```

AUSTEN
BOULTON
CHURCHILL
DARWIN
DICKENS
ELGAR
FARADAY
FRY
HOUBLON

KELVIN
NEWTON
RALEIGH
STEPHENSON
TURNER
WATT
WELLESLEY
WELLINGTON
WREN

```
E N Y N N A R G N A S N S S R
D F R N R F A I M H E S L L S
Y E L M M C H E C L S N R H E
E T T O R T S A I L O R S E B
C W R C U H R M B R I C B I P
C B I E A O N O A L H N M A S
R W U N N T W O Q E F O C O T
O M O T D L S N L S L D E H Y
C I I B I S H P F S D B C N Q
H E H N C L O Q A E Q E U E W
E C E L I R O R R W E U N O L
T U T F H H C N E R F R A R D
C L E I G C A F L A T R R R A
S M L U H A I A R E P I L S E
A B M U H T C L L R L L A W P
```

BOWLINE
CAT'S PAW
CLINCH
CROCHET
DOUBLE
FLAT
FRENCH
GRANNY
HITCH

MESH
REEF
SAILOR'S
SLIP
SQUARE
THUMB
TIE
WALL
WINDSOR

81. MUSICAL INSTRUMENTS

```
R R O N L P A G R A Z O S I Z
L V C A O O H O E U T M D L A
U P E U E N P U L B M A O U A
U H R T E N E R H L O S B U O
E T R L U T O T A B E A T L I
U T B E L L B R C H A C E O A
E O U I O A L O I V H G F R F
B Z L B R E H A C O O E L O I
A L B U A T U O R A O E R T F
O O O N A I P N A A Z G B N E
C E I A O P H Y S L A H L M U
L Y R E R C L Y O N K E V B S
N O B O G U S L A T A N A I I
H B O O H S A Z L A T R U R B
V S S R E T E O B O N T B A H
```

CELLO
ERHU
FIFE
GUSLA
HARP
HORN
KAZOO
LUTE
LYRE

MBIRA
OBOE
ORGAN
OUD
PIANO
SAZ
TABLA
TUBA
VIOLA

82. WINDS

```
O R Y H P E Z E A S Q L L N Y
M N I R I L K H H A B O O B H
I N S N E E H O N G A L E O E
S O R E P M A P O I B O R A I
T O O M O A R L O N C R E D H
R O C O L L U O A Y I A I N E
A S C I T N E R C A O H O E B
L N O E S C S L E E E O C O R
Y A R B S Q O I D T S U I P B
R I I S T N U A M N S O T O D
S S S P E T R A O O R U R I L
O E S S S T O M L E O E L E P
A T N R O O O Z N L A N L B R
E E R L C T A L N S A H N I L
O T Y P H O O N F O H N O I I
```

BLUSTER	MISTRAL
BORA	MONSOON
BOREAS	PAMPERO
CHINOOK	SIMOON
CYCLONE	SIROCCO
ETESIAN	SQUALL
FOHN	TRADE
GALE	TYPHOON
HABOOB	ZEPHYR

83. SCHOOL SUBJECTS

```
M Y A S A Y A O S T A O A C A
Y A E A G S R G B Y Y H L Y L
A R T D P U L T Y S G B G S I
S H T L T L T O E M O Y E S C
O R S A T U S M R M L I B Y B
M Y A I E C S C B C O R R R S
L H R Y N L A A I E I E A T E
T A M O Y A C I G S B S G S H
E E N D T C P C E O Y E U I A
H C N G R S G S O L C H Y M U
E E N G U A I U L S E B P E L
A Y O E L A M H O I I C U H C
L T A I I I G A G R R R A C L
T T B N E C S E Y Y N A T O B
H L G R S T S H S C T A G P O
```

ALGEBRA	GEOMETRY
ART	GYM
BIOLOGY	HEALTH
BOTANY	HISTORY
CALCULUS	LANGUAGES
CHEMISTRY	MUSIC
DRAMA	PHYSICS
ENGLISH	SCIENCE
GEOLOGY	SPANISH

```
R S R R R I A T P Y G E P A E
G A R F L I P A E T I Y S C A
N T X I B A L S B T G I A I I
A N I N A I L A F E U N I D R
C A A F T N N E C R L A N R C
L Q F A F R N N I I F G E O H
F U L A I A A I I A A H M N I
H I F A E R S N F N I T E R N
A I X T F N A A A A R O Y A A
A U I R H D S A A E R A R I Y
L O I M F A A N U R E N A L A
N A L A N I N A T O F T R F I
I K O A R T A S M K A L E I I
A I R I N D I A A A A I R E B I
R I A S I N U T U O A L A L A
```

AIR CHINA
AIR FRANCE
AIR INDIA
ALITALIA
EGYPTAIR
EL AL
FINNAIR
GULF AIR
IBERIA

KLM
KOREAN AIR
LUFTHANSA
LUXAIR
NORDICA
QANTAS
SAS
TUNISAIR
YEMENIA

```
E L N M A S U D L E V B R N E
U W L N D I T B U H P A I A A
I L A S R N I G U L A L L I G
W N A S S E A T O D I I R L S
P W M I R R B N A S A O I L I
A R A A P A D U B L S P I R R
B W D T V O W O I S L G E O A
E D R H N A N V N I S I L S P
R T I E O A D I S A U S N L T
G O D N S I L U N B O D M N O
A W M S D R R N Z L M N N I M
Z A Z E E O E N L P K S N I M
U U N B R I L T R S I P G B N
O L N R V S U I N L I V S R B
M N V O V B B M I S R S E B R
```

ATHENS	PARIS
BERLIN	PRAGUE
BERN	ROME
BUDAPEST	TALLINN
LISBON	VADUZ
LONDON	VIENNA
MADRID	VILNIUS
MINSK	WARSAW
OSLO	ZAGREB

On the Loo
86. TIME FOR BED

```
R E Z Z Z T U R F Z N D E S D
D S I E S T A D S K A W Z F E
E F E O N R W R E T P T Y A O
A F A D E R I T U N S D M O I
O O D B P R N O R E I R N F Y
Z D T E O T N U R Z R A W Z A
E O Z E M R A E W F A R R N W
P N I S O P Z D E F K D K D N
O R A W N S Z Z A O P I E Z N
D M E O Z O O S R P T Y P D S
R A S B M D O P Y O P O R R L
Y E F E M O A Z F R T S E O E
S R E D N U I W E D D O E W E
A D Z S O Z L A R W S B T S P
R T Y M E Y N S A O R D D Y I
```

DOZE
DRAINED
DREAM
DROP OFF
DROWSY
KIP
NAP
NOD OFF
REST

SIESTA
SLEEP
SLUMBER
SNOOZE
TIRED
WEARY
WORN OUT
YAWN
ZZZ

87. WORDS WITHIN WORDS

```
O W O R D B O O K Z H A D I U
R Y A L E A T H W D D R A N W
H A R Z A A R O R D O F W W O
T L O R Y Y R O R W T O D R R
I P R I Y D W O Z E R Z D I D
M D K A I H W Z R D H W R O I
S R E N C D U W E D C W B O E
D O G T A B O D R O R E D R R
R W A E R R B O E G A D R O W
O C H O D E W R I O E W D W N
W U U O Y H D C C D S W R Z O
U D O A C E A O A S D R O W S
D D S T B Y W O R D R R W C R
D T A K E Y W O R D O E E I R
I W D A W N W O E B W O R D Y
```

AFTERWORD
BUZZWORD
BYWORD
CATCHWORD
HEADWORD
KEYWORD
REWORD
SWORD
UNWORDED

WATCHWORD
WORDAGE
WORDBOOK
WORDIER
WORDING
WORDPLAY
WORDSEARCH
WORDSMITH
WORDY

```
R P C A T C N M R W S O R L U
L O E N L T P A A P O L L L M
U A E W O R V L E T N A O E L
B C R M T N L L S E T E E E U
L R B N I E T T M E T Z T B T
P A A E A E R O M E E N O U E
C O R S R L R N S M R O R L M
I N T M S H U E C R N R N O R
R A T R C G R T A E E B I M E
R L E A B I L L O N O N T R C
E A M A L G A M M E N O I O R
T O M U R T C E L E C O N E N
E L A T T E N L O L R L O M G
L I N T S C S G A I O P L I T
C B O L E E T S O C I N L A Z
```

ALNICO
AMALGAM
BILLON
BRASS
BRONZE
CERMET
CHROME
ELECTRUM
GUNMETAL

INVAR
LATTEN
NITINOL
ORMOLU
PEWTER
SPELTER
STEEL
TERNE
TOMBAC

```
A A K K K G A R Y T A B L A V
A L A A A I T D A K A N A A S
V N A T J D I D H R H P H Y D
R A A V R D R A R A S Y D R A
D R H R I H A A S U M K A H D
A D A R A A T A L A I A A L T
Y A A D R T I R D R R A R A T
S D R H A R S L A A N D I A H
A A A A P P A T V E N N H M I
A H L I P H H S E S A B A A A
A R A T O D Y V H V D H G T N
R M I I S T N R A U T H A L I
D C A A A J U L E A A A R A I
A P H H N T A D T I H E R D A
S A H C I D I A D R B A G I I
```

CHAITI	SADRA
DADRA	SHRUTI
DHAMAR	SITAR
DOTARA	SVARA
GIDDHA	TABLA
KAJRI	TAPPA
KHYAL	TARANA
LAVANI	THALI
RAGA	VEENA

90. THEATRICAL TERMS

```
U O P H E C E C H L U F I L U
S S H L O S U T R A H T O C P
L T O C T L G E A D A M E H I
U R P R E C H O R U S E H T E
S L I M S E S P R O C O E T O
H H I S O P P Y S T P I R C S
A C N N S R R S G D E P P C S
L H A R E E P S R T O O L C T
R S E I L S C E H I R G P R A
H O U L O S A A C I R C L E G
G F A A H T M P T P S E P P E
C G O M S H O U S E T N H R E
T A C T H T O O T I H E O O A
A S R C R N R P L C O C C P C
S F E T A L F I E R P S E R E
```

ACT	HOUSE
CHORUS	LINES
CIRCLE	PROMPT
CORPSE	PROP
CUE	ROLE
FLAT	SCENE
GALLERY	SCRIPT
GODS	SPEECH
HAM	STAGE

```
S P J U O R C O R N G N G O E
A B E A C O R A L A N N P T A
R E P A H P O R T A J A U A P
A D J A N E S I D A R A P T M
A B P O A U A O S N S O M U S
A N I R R A T Z U O C N S Y D
L T N A P A P A L M Y T C L C
M C A D P O A O O O A B R S A
R A H I U O N T N R C A E H J
A T O S M A C G D H D R M A E
M H R H J I H C A A S O P Z N
T S P M E H A T R M Z T N S U
I M O L T B U O P A I S R J O
L A T U C O C O N U T A C U A
E J O J O B A U D H D C C B D
```

CASTOR	NAHOR
COCONUT	PALM
COLZA	PARADISE
COPAIBA	PEANUT
CORN	PONGAMIA
HEMP	RADISH
JATROPHA	RAMTIL
JOJOBA	SOYBEAN
MUSTARD	TUNG

92. PLANT DISEASES

W	F	B	A	C	S	W	C	S	N	T	O	A	I	R
S	S	V	A	P	S	I	W	S	I	U	U	R	D	O
O	U	K	E	O	R	E	L	C	S	M	U	I	T	O
R	R	G	R	P	D	R	S	G	T	S	E	H	O	T
S	I	T	N	L	H	S	O	T	F	B	G	S	S	R
L	V	L	I	U	F	Y	C	O	A	A	L	E	T	O
L	P	M	A	S	F	S	T	C	E	R	C	I	T	T
A	R	P	V	C	Y	L	K	H	U	F	S	P	O	A
G	R	L	B	T	T	H	R	C	I	C	K	L	O	I
L	E	E	O	H	K	R	F	T	O	U	C	I	R	E
U	S	P	G	F	U	A	L	R	B	R	M	T	B	R
L	S	I	G	C	E	I	C	E	M	U	R	L	U	R
R	L	G	K	L	W	H	C	A	N	K	E	R	L	U
B	M	L	N	U	K	O	I	M	A	U	U	R	C	S
S	T	R	S	L	O	U	R	M	S	C	U	R	F	T

BLIGHT
CANKER
CLUBROOT
DIEBACK
FUNGUS
GALLS
LEAF CURL
MILDEW
PHYTHIUM

ROOT ROT
RUST
SCAB
SCORCH
SCURF
SMUT
SPOT
VIRUS
WILT

```
R A D I A T O R O O F R A C K
R D A G E A R B O X T L I R I
F L F H A O I O H A I O C C T
A O O K E N O D E G I D L K D
T G O R R A G S H E T O U R R
O T R E S M D T N E X M T O P
R K N E D T S L G S H E C R A
F T U O T D B U I L S T H R H
S E S E A E L O A G I E T I T
U S D T G P M T N P H R A M T
O O A G K H R O R N I T E F S
O E G R E O M T H E E S I A T
L F A E N G I N E C M T T N A
O P A P D F U E L T A N K O E
S I S T D O O R O E F T F R N
```

BONNET	MIRROR
CLUTCH	ODOMETER
DOOR	PISTON
ENGINE	RADIATOR
FAN	ROOF RACK
FUEL TANK	SEAT
GEARBOX	SPARK PLUG
HEADLIGHT	SUNROOF
LIGHTS	TACHOMETER

94. JUDI DENCH FILMS

```
J E S N W O R B S R M L H V T
E E Y E H A T L U T H E R A E
G O L D E N E Y E D N D L R A
D U T E S T S K E R Y O E L C
H L G E T U A K Y J C E L E P
V L J L R L P V Y O E I S H E
T W D E E I B E H F S D I S R
R L E R D P O C C T A L G N E
I N A Y J F I E R T O L G A A
R I D E O E E U R M R H L E R
I N C E A V E R E D T A W V I
S E E N N E O N U A A I G L A
T M R A R R A V N T B S T E G
E B T J T S T E L M A H I D Y
E S V W E T H E R B Y T C E S
```

ALL IS TRUE	LUTHER
CHOCOLAT	MRS BROWN
DEAD CERT	NINE
GOLDENEYE	PHILOMENA
HAMLET	RAGE
HENRY V	RED JOAN
IRIS	SKYFALL
JANE EYRE	TULIP FEVER
J EDGAR	WETHERBY

95. MUSIC COMPOSITIONS

```
E M A R C H G U D N R E D U C
Z A G A R I J L E E R N U E O
F N A E J O T A N G O A D E A
K G G U H E R A A H G U G R R
I D T D E U T T G L T G A O K
A A C N E T I U S E T A U A M
C N A A O Z T S C G A N D E E
A R E T M C O Y S H D R U O I
R T Z E G T E O A S T G T O E
O H H T T J N E G U U U S M I
L U Y O L G R F R F N T U S D
A Y Y M E A U U C E S R L M I
K I U H N O W A T R U A H A E
T M R E L O C U O U N C R S R
U L E A A C L R R R S K C S M
```

ARIA	RAGA
CAROL	REEL
ETUDE	ROUND
FUGUE	SONG
HYMN	SUITE
JIG	TANGO
MARCH	TRACK
MASS	TUNE
MOTET	WALTZ

96. IT'S THE TRUTH

```
N A M D L S D N T C L E A R I
L U N I N N E S C R I G H T I
N A P L U P C S N T B N A L E
O B U O O S A R I P E S A U N
O L S T P I N R T M I A R R T
D U P R C V L L E O P T T C E
D N I O U A D O A E D L I N S
C T T L U I F E F C I R E D U
F L T T S E N O H P T T E T R
R C O C L I C C R S S R A T N
A T U S A O N E T V E R O E C
N L N P E X C L A C I E P N H
K H E R T I E L N A N I A L P
E D E C S N I I F T E T E C I
A H E E L D S B K E L N F L C
```

BLUNT	PLAIN
CLEAR	PRECISE
CLOSE	RIGHT
EXACT	SIMPLE
FACTUAL	SINCERE
FAIR	SOUND
FRANK	STRICT
HONEST	TRUE
OPEN	VALID

97. FEELING QUIET

```
U U S I S Y D E U D B U S H S
R S S S S E T H D U E E E E L
I E E C E E R I E E E L E U S
Y T N E T N S E M S H T L A C
U T M S U R E T N I D S D U E
D L L O S A S T I I N S U C L
S E A P U E D A A L T A S H S
U D C E Q U Y U S D L Y U E S
O H A R M O N Y I I E N U Q A
E V I S S A P M I L L S E O E
D H T C O O L N E S S E T S E
U I S E R U S O P M O C N A S
U U P L A C I D I T Y I R C T
O O S S E N T E I U Q D A E E
T U R T U L M D L N M E L O S
```

CALMNESS	QUIETNESS
COMPOSURE	REPOSE
COOLNESS	SEDATENESS
EQUANIMITY	SERENITY
HARMONY	SETTLED
HUSHED	SILENCE
IMPASSIVE	SOLEMN
LULLED	STILLNESS
PLACIDITY	SUBDUED

```
P H S I F N W O L C R I N D S
G A R F I E L D E A R U T R N
D A E S S E S O D A T M E A I
S I O A R E F S S R S G U A K
A I O M O G N A S D I R B P P
L F R U S R P I L T A M O R M
M S S S W P S O R S F H C I U
O E S T A S G T G E S L M C P
N L M A S I S A O I G P N O S
R O W S R A M R F R E N N T V
O I S A F B R D E A R E A S A
E R M F E I L I C O R A L T I
A O R R T O N H I L S M C W H
H O R T G R E S L T A V A L N
N E M R E S E M A L F I R P M
```

AMBER
APRICOTS
CARROTS
CLOWNFISH
ERNIE
FLAMES
GARFIELD
GOLDFISH
LAVA

MARIGOLDS
ORIOLES
PEACHES
PUMPKINS
SAFFRON
SALMON ROE
SATSUMAS
TANGERINES
TIGERS

```
S L A N V D S I O E T E L D R
S G F L Y I N G F I S H R S R
P I N A I R S S I N S E C T S
S S G A L F E P E C S E E E A
R K S N R H T P I T A G N K S
S T D G B E A E L H I E D C S
S N F E W B M O S O S K N O S
F A B A D I N O S A U R S R N
B R L D R S S F O L I S I E O
O I I E R C S B G B L R B A O
B I M S S O E T D O E E R S L
I L P A B P N C A L A D A A L
R O S A G E S E A B V I S O A
D D A D S K E R S P E L S S B
S E A R R O W S G A S G R T S
```

AIRSHIPS	FLAGS
ARROWS	FLYING FISH
BALLOONS	FRISBEES
BATS	GLIDERS
BIRDS	INSECTS
BLIMPS	KITES
BOOMERANGS	LEAVES
DINOSAURS	ROCKETS
DRONES	SPACECRAFT

```
D K D K E K P L R L A M B I C
L L E I P I L S A E L P N H T
E H A E N H N L H Y L R L O S
O A C T U O T S T R O P T K E
P K E I R K T B I T T E R X L
O K S I L E H R Y K K C O B L
R R O S D I P A R D I N E B E
T M I L D U B U T E N L L L H
E Y L S S N N L L A A A S K S
R I D A T C K K A R N T H M R
I K V H B R H S E G O N U S S
V U S T H H O D L L E A E A T
R H R I M I K P M N K R A I R
V I L E K T T U X L S A N E V
I V C H R R E S L E K V A S S
```

ALE	LAGER
BITTER	LAMBIC
BOCK	MILD
DUNKEL	PILS
EXPORT	PORTER
HELLES	SAHTI
KOLSCH	SHANDY
KRIEK	STOUT
KVASS	VIENNA

101. TIME FOR A BREAK

```
R H K N A N A A T K N H A A A
A B G H G K O F G R M M A I E
S C A E R I A H C M R A P A R
E K O N A A W A B O O K U I A
C S A F A A U S P A A E S E C
H L M S F N F R B P N G M A G
A N N A A E A E W E L Z A A R
T K G W O N E S E Z A E S A G
L E M K I G D T C A K N A K M
P K C A N S U W A A W L B A A
W C E A E K P U I K L A W A G
A F F F O E E M T C T C D A G
A O A D G B S N C R H E P A N
S C U R A K G K E E I N A O S
O S M S O Z E N I Z A G A M A
```

APPLE	MAGAZINE
ARMCHAIR	NAP
BANANA	REST
BEANBAG	SANDWICH
BOOK	SNACK
CAFE	SOFA
CHAT	SUDOKU
COFFEE	TEA
GAME	WALK

102. LAWS OF GOVERNANCE

```
C I N A T U R A L L I T C A A
A Y L I L R E N A E N C A N C
S V L D E O O C P M N I P O R
E A A M X R I I N L R L Y I M
M E Y I I L Y M N A A B N T C
E L N T B U T M N N T U D C O
D I E I R E M O L I I P R E A
E T B M C E M R E M F A O L R
I I C C I M P Y P I I P P E U
F L U A O L L O T R E V S Y N
I A C C R I I A R C D I O R O
D R T A M T D T O P C P C A N
O O A A A R N L A X F M U I A
C C F T N E M O E R L I V I C
C T D N A M O R C E Y L P Y C
```

BIBLICAL	EXCISE
CANON	FAMILY
CASE	MILITARY
CIVIL	NATURAL
CODIFIED	ORAL
COMMON	PROPERTY
CONTRACT	PUBLIC
CRIMINAL	RATIFIED
ELECTION	ROMAN

```
O I U U H C S S E A E L S N N
Y A P O L L O R U A N V U N C
R C S U N A J N O H N O D S I
J R S U N U A F D S C S R A M
N O U M E R C U R Y O C O F N
D E P P S U N I M R E T A F N
U U P S T T U U S U S A B P
V U S T V E O S U L R R S R
U U S I U U D N P J E R P I I
L U U S N N A R D T F I N D U
C S L O S V E C I I A O R R O
A N N S L E S P J P P N T E M
N O R I V P U O N O M U L S C
U F S R U J F S N J A U C A O
U J I C S L T J N R U T A S I
```

APOLLO	MERCURY
BACCHUS	NEPTUNE
CUPID	PLUTO
DIS	SATURN
FAUNUS	SILVANUS
FONS	SOL
JANUS	SORS
JUPITER	TERMINUS
MARS	VULCAN

```
U B W R R E D N E L B S S P A
O N E H R E X I M L R E T P K
O I I G I G C N C S K L R R R
S P L A G S A E S P I A A E E
W G L F G P K T K C R C I E K
E N R E R X O S E E A S N R C
R I E A T N P A T A F T E E A
C L V A E A L A C T S R R N R
S L A E T P R E P H O P E R C
K O E U A G F R S C E C O A T
R R L O K I S E E R N R C O U
O A C T N O R L G A C A N A N
C P N K E P P D L A E R E N L
S A R H K P L A S G N O T E N
R R B K A E B L O A R T N L D
```

APPLE CORER	MIXER
BALANCE	NUTCRACKER
BLENDER	ROLLING PIN
CLEAVER	SCALES
CORKSCREW	SPATULA
EGG POACHER	STRAINER
GRATER	TEASPOON
KNIFE	TONGS
LADLE	WHISK

```
O F R O R E P M E F R S P W O
M E C E M B C L F O O I C R O
U R L L A I E E O A T E E H S
I C B A O O I D T T N L D I O
D O V A T C O G F A R F T W A
E T R T H E R E E R B A O T O
M B O E T E E R M I P L V L A
F R Y B F O R M A T R A O Q D
O I A Q L E E Q D E M Y O I A
L E L E T I M C U O R R S A D
O F G T G R T C R A I E R D E
M A E C S A L T A G R U P F L
L L L A O I D L A A A T L U A
A E Y I R M E M E D N Q O R S
N W O R C H I M I O E M O F A
```

ATLAS	LETTER
B FORMAT	MEDIUM
BRIEF	OCTAVO
CROWN	ORIGAMI
DEMY	QUARTO
EMPEROR	ROYAL
FANFOLD	SHEET
LEDGER	SUPER
LEGAL	TABLOID

```
P M I R H S S I C E I T U E S
R L N C R E T E K C I R C U R
R I O E L T E E B O K E M I I
E A I E T R D A I R S S R N D
T N P E C B D R I I I E S E S
S S R R N C C L O E I L N A N
B A O T A I L T D C C O T C A
O W C R M P R E S N T Y R H U
L R S R P O P A E I L A S E T
R A O R T I P R H A Y C B T I
P E A R L A C C C F I A A I L
K W I L R I I C I C R C K M U
N D I A T C T S A C L R L R S
S M N A T M H D T T C A B E S
N T I I H L A L N M R C M T L
```

ANT
BEETLE
CHITON
CICADA
CLAM
CRAB
CRAYFISH
CRICKET
KRILL

LOBSTER
MILLIPEDE
NAUTILUS
PRAWN
SCORPION
SHRIMP
SNAIL
TERMITE
TORTOISE

```
A T H A I I A E G L E M R O W
S A B W E T T T F U N W L P M
A G E T A D A C I C E B U G G
U C Y M O A M O T H M F G S R
E D D S H G L P N W F T L N O
C A U A N E G S T A N G B Y G
I A R E B A A A A F E B P G L
I U R W D G I R M A U E S W M
A E G W I G W L T N A E A N S
T A N D D G P E P A S L W P S
L E A L A E L F T S L U G P A
T M C B I P P B W U G U I P B
O T A G S R L D R C G D H U A
E L B L O U S E B T E I R O L
R S A S E L H B R R D G D A W
```

ANT	GRUB
APHID	LOUSE
BEE	MAGGOT
BUG	MOTH
CICADA	SLUG
EARWIG	SNAIL
FLEA	SPIDER
FLY	WASP
GNAT	WORM

```
O S K T I U S T A K O P I O R
S I S U R S T R S F R A C S O
H Y S R H S S A O O I N S O O
A E A I C C R U S H O R T S H
W I R U S O C K S E R K R T H
L T S J N O J K I O A A C A F
S O O G J E T C I C C I R R T
N S A R I E O T O M O S A S C
N J R I A H R C R U O A M H L
E C S S C S I S E I S N T R F
N S I N N K S E C K K O R S
C W O A U A S S R Y S S O R S
S P E T O S A L K A W C Y O E
S J R L R R O Y E I K T O T R
D C C I Y Y R N K S I O E O D
```

CLOAK	SARONG
COAT	SCARF
DRESS	SHAWL
FROCK	SHIRT
JEANS	SHORTS
JERSEY	SKIRT
KIMONO	SOCKS
PONCHO	SUIT
SARI	TUNIC

109. CIRCUIT COMPONENTS

```
D L F H D S S T R W C C C F D
S C A R Y A L H L O K E A T N
P S R D C R A C N E E L B K R
C L E L I A E L T I D L L T E
B I N N A N P T R T T R E A S
I N L D S E D A T D C C R T I
S R S E C O I U C A M A L C S
R T C O C L R R C I B S O S T
O S A N T E N N A T T O H S O
T C O H C T I W S F O O T E R
S E O C C T A C B T U R R R O
I O S R K C F R S E D O I D L
M M S U S E E E R A C M E D S
U N I P F T T C E R I W I N D
H C L O O M E S N S N R O I O
```

ANTENNA	LCD
BATTERY	LDR
CABLE	LED
CAPACITOR	PCB
CELL	RESISTOR
DIODE	SENSOR
FUSE	SOCKET
HUMISTOR	SWITCH
INDUCTOR	WIRE

```
P L R R I I O C A S T E R A B
M Y F E O Y L A R X M O F B B
Y O T I E D G O M P M U L A A
D R I B O S E M S E S O X E H
N S T C M O M L U P P E A I B
A R E A I M O B A F A Y K E W
C D O I A N R E L E L M E H T
Y T G N C O G E D P M T I K Y
R H R C W S N M D A G T I K A
R G I N I L B I O R E B E L N
T M G A I S A L O G O A D E M
D E A I L N S K W A L O Y F A
T A I P R U G L A B S L A X M
L N O E L S T U G E Y O K C N
A S E R H E E N A C L C P G N
```

ALDOSE	ICING
BEET	LOAF
BROWN	LUMP
CANDY	MAPLE
CANE	MILK
CASTER	PALM
GRAPE	RIBOSE
GUR	WHITE
HEXOSE	WOOD

```
T I A F U L I A B U T B F A L
U O E C L T P P I N A T L P E
S H E L O U U A I N O O I O N
O E A M G R T O C P I I P A O
E P N R U N N E O V O N T E B
M N I L P R A E C S N A O A M
L T N A O A D I T P D P P A O
B B L U N L N E R R A M O A R
A T C T O O L E R T E I I R T
S R S V O T E E O A M T O E L
S U R I S I N O C B N F R O B
D M T O S O A E A O O S T S E
R P L L A T E N I R A L C A H
U E M I B T P L C T A C L I S
M T O N N L P I C C O L O B O
```

BASS DRUM	PICCOLO
BASSOON	SNARE DRUM
CELLO	TIMPANI
CLARINET	TRIANGLE
CORNET	TROMBONE
FLUTE	TRUMPET
HARP	TUBA
OBOE	VIOLA
PIANO	VIOLIN

On the Loo
112. I FEEL...

```
E U E R O D E T T D U E E D R
E A A R E O E D E R A C S C G
O E A E C G U T Y R G N U H E
I O D V N Y C C I S B U O G I
E Y E E G S M R A C S E D O N
V P C L U T T D B E X O V L L
A P I C E L T R N D C E D Y K
R A D U E I A R O R S O C K E
B H Y E R H A V K N H T L C F
F G E E T G L V Y H G D E U R
D E D C E A S U O I V N E L A
E O R D P M L E V O L N I C G
R Y M O O L G E O L C R E U I
D D P C Y R D L R S A C N G L
T Y K H N M O O D Y S T F E E
```

BRAVE	HUNGRY
CLEVER	IN LOVE
ELATED	LUCKY
ENRAGED	MOODY
ENVIOUS	SAD
EXCITED	SCARED
FRAGILE	STRONG
GLOOMY	TIRED
HAPPY	VALUED

113. CAMBRIDGE COLLEGES

```
O M E K O R B M E P H S T N S
N S O N L S O H W N O M J J O
N O N O O S J H W O L F S O N
E T N H Y T T R L S W A S E H
W A W E O E R S G I R T O N G
H K U N J J L E I I M E P L N
A C W O U E T Y M R U S J O I
L N Y W L E S S T O H E T M N
L N N R N E W U T I H C A E W
E O H G N I U S S U N H T N O
C Y E R O B I N S O N I M N D
L R O K M T O I A W R N R A B
A G R S G N I K E M T S I T L
R N I W R A D N G B M H I L R
E S N E E U Q O P C R E B N N
```

CHRIST'S	NEW HALL
CLARE	NEWNHAM
DARWIN	PEMBROKE
DOWNING	QUEENS'
EMMANUEL	ROBINSON
GIRTON	SELWYN
HOMERTON	ST JOHN'S
JESUS	TRINITY
KING'S	WOLFSON

```
C P L A S T I C I N E A U A A
S K L E S I V Y P P U P B K T
F A A L T N E S R U D K S L O
B U C E E H L Y E F E R N T P
E A R S K F V M L S A D L F I
A R T L N E E O C E A I E A L
N S E E A E T R B L U A N H L
B B N W L U T Y M Q T S A E O
A S T O B T D A I H N C A S W
G A C T W D E L E O K S U P S
W E Y D E R U R I Y L S L H O
H U A T C E I H S F L E E C E
N C L E S E S A U S S U E D E
P P C I T U C A P T W E T I R
E I C L C K A D C V U P A T N
```

BEANBAG	PILLOWS
BLANKETS	PLASTICINE
CLAY	PUPPY
CUSHIONS	QUILT
FEATHER	SNOW
FLEECE	SUEDE
FUR	TEDDY BEAR
HACKY SACK	TOWELS
ICE CREAM	VELVET

```
S F S T R S O M V E C K I V Y
S S L W O S E E R T S R S E S
S X E R C X A E G S U E X S I
S N L S S W S Y R S E E O B S
S K R R A S G O R F S D I L S
G B A E W R Y E W E O R D S O
O X U A F O F L S V D S E S S
L N F R O S L E S S R X S T O
L F L S H R S V O B O O O W K
D R O I O S R A E F S V C E I
S E W E L S R R R S L R E K W
S W E S E E L A W G E E K E S
R D R O S E K A N S K R S S L
E O S S E V A E L O Y M O S S
R A Y R S D T O A D S E T D E
```

BIRDS	LOGS
DEER	MOSS
FERNS	OWLS
FLOWERS	ROCKS
FOXES	SHRUBS
FROGS	SNAKES
GRASS	TOADS
IVY	TREES
LEAVES	WOLVES

116. EARLY COMPUTERS

```
E E C S H E A T H K I T E K V
C M E C C A C V M O N I A C R
U I E K B D U T C A R A S A N
C Y R T F N A C T A E I I A Y
A I U Z I S T E T C R I A E Y
C C U V A L C A C A A I L D Y
A S A C I I D C C A I L A K
E C A N E A U U D A A E L I E
A C R R H A C R T O C E U L I
E R E K E C E T A E C B S A I
O D S E A U D A I L A V N Y R
O A S R N A C U L B E S D V D
D A F A A I E T Y U C A V D E
E I A B C C A E L C A B R C K
T M N R S N M C S K M A O E O
```

BABY	HEATHKIT
CSIRAC	ILLIAC
CURTA	LEO
DASK	MONIAC
DATAR	TIFRAC
DYSEAC	UMC
EDSAC	UNIVAC
EDVAC	UTEC
ENIAC	ZUSE

```
U F C R N O R T O T A F K I I
L N O K K U O E E K K U S E T
F E I U G A H S O N B A K U I
R W R U O K K H A R N C B O T
T B E T G R H I A U O A S L A
E E N M E N W E O O E U G A U
E F R B A P E O T S R N I S A
I N I R U E F P K F O F A F C
K C R W R R S O D I D U R E N
C T E E D F E U R A M L U F S
U A G Y B L C P S E A S U A C
D K C U W K O L R A T N S T O
A A W O T N R B O O B Y U T T
E P O S E Y A E K I T H B L E
S U A U B O C A E S U E W O R
```

AUK
BOOBY
COOT
ERNE
FULMAR
GANNET
OLDWIFE
PENGUIN
PETREL

PRION
SCOTER
SEA COB
SEA DUCK
SEA MEW
SHAG
SURF DUCK
TAKAPU
TITI

```
L Y F A C S C E V A C E H T R
N A T R E F O H T Y M O T G O
I J I N U S E H T N Y E L L D
D O M C A L C V H H U A A E Y
T T O I E S A Y C G U H M O H
Y M C T Y E I R O C M O R S Y
R C R Y G F A L O A C H E S R
A A A F O G A N O R C T L E T
N P C S I I N T A P A A A I E
N O Y L D O A C H R I V I G O
Y R O Y E A Y T C E C L N O P
A I E O I M T O R E N R L L R
I A E C U O S O L S N S R A T
A N O I T A C U D E I A O N K
R J U S T I C E O H N C T A C
```

ANALOGIES
APORIA
ATHENS
CITY
DEMOCRACY
DIALOGUE
EDUCATION
GLAUCON
JUSTICE

KALLIPOLIS
MYTH OF ER
OLIGARCHY
POETRY
SOCRATES
THE CAVE
THE SUN
TIMOCRACY
TYRANNY

```
T H O D Y T Y L Y L R B D P Y
K R A T S R N L M E R R A Y D
T N L O O T L N L R A H Y L O
L B A E L I S H O U E Y N R N
E Y L H R T E E E T T L E E E
T Y F T E P R N B D L E E D N
E E H R E E M A E Y T O A N A
N R A A D L E A E D N L B A R
Y F Y T U L F T R H E Y M M O
W Y O R O E T E H T K N R E T
D A J O R R S D U O E A Y R E
E R Y A E Y E E S R R L O A R
R R E D E T A R L Y T N L A P
R Y R E G N O M L M L R E A U
L N G E K T N T Y E Y N Y E D
```

ARRYN	PAYNE
BAELISH	REDWYNE
BOLTON	REED
DAYNE	SELMY
FREY	STARK
GREYJOY	TARTH
MANDERLY	THORNE
MARTELL	TULLY
OAKHEART	TYRELL

120. IN THE GARDEN

```
S E G E R R V R D O D O D P A
O S E E R T N G A I B G G H V
E V E A G A W D B H U E S O B
P A T I O B A S B R E H Z A V
B H G N P Z L R G B A E I A H
I I T A D R I V E B N D G A G
E C H A T E G I U V F E N C E
E U S E P E N S G N I V A P P
S S C T D H H G N I N U R P P
Z S S G D G C R O H Z V V G R
S U Z G P N E N D D E R R N O
B D G B R G O B E M O W E R H
G N R R P A O P O B P B E G N
N P R I R T S U T P E S T O H
N B N N B I N S P I V E R I R
```

BENCH	HERBS
BIRDS	LAWN
BUSH	MOWER
DRIVE	PATH
FENCE	PATIO
GATE	PAVING
GAZEBO	POND
GRASS	PRUNING
HEDGE	TREES

```
W O T K W K C U D O B A A N E
N U D B E E E R E F E R B T N
C N O U A G S T R R A O K E N
L S N O L L U E E C G K E E B
I U M V L O R S K I R A E P O
N O H A K V C O O E K I R T S
C N C C E E M S B U A C E C K
H N O U K S O B T A T T C E C
N N W A A P N O N C J H L O K
K C T O B T G O H O A B P C R
B E O K I R K O N P O B A A O
P J R A N U O N U W W T B W W
B R E A K T N N P O T K S L K
E E N K G B C N L A K C O L B
E E N C U H E B O W L K O O H
```

ATTACK
BLOCK
BLOW
BREAK
CLINCH
DUCK
ELBOW
GLOVES
HOOK

JAB
KNEE
KNOCKOUT
MONGKON
PUNCH
REFEREE
SOUTHPAW
STRIKE
TEEP

```
C T S U N S E T F O T S H E M
A K C R I E Y P A R K S M A D
F A E E E O R E A T K I E O R
E P I C N I C A M K H K E M U
A S O A A K D S I O S T I O S
O A M I L R M F L R G S U V L
G M M C E I I D Y E C R C I R
M A C I L E H V R K E I T E H
C M L E N A S F E I C F B C M
C I F L N I L I U R K C A A U
L U R D E I G M K M W E R H E
U O S C R R N O L M B A A L S
I E S T U F Y F L O T L L S U
M E D R O S S E E F F O C K M
F C E N E E K O A R A K U V F
```

BAR	KARAOKE
BEACH	MINIGOLF
CAFE	MOVIE
CIRCUS	MUSEUM
COFFEE	PARK
FIRST KISS	PICNIC
FLIRT	RIVER WALK
GALLERY	SMILE
HOLD HANDS	SUNSET

123. MEAT DISHES

```
B E S P G W G T E G A S U A S
R C S L E A S E C Y S O S O R
A U O T D S B H O E T M I T B
I T S O P I O A U A E E T S R
S L L S R P I C D H A A S A M
E E G Y U M E E G R K T S O E
D T A D A B L B E S A B T R R
S N S L R L S G G O S A U T F
I B A A U C R B G A L L I O R
E S B P O U O A I E R L S P H
A S S A B P K C H O R I Z O A
B C A E M E A T L O A F B B G
K G A O S S B A B E K R Y M G
T B S T I O G O U L A S H S I
D S E E L S R O U O F A A E S
```

BARBECUE

BIRYANI

BRAISED

BURGER

CHOP

CHORIZO

CUTLET

GOULASH

HAGGIS

KEBAB

MEATBALL

MEAT LOAF

POT ROAST

PULLED

SALAMI

SAUSAGE

STEAK

STEW

124. BIRDS OF PREY

```
E R U T L U V E C O N D O R T
R A A L B E A V Y S R R O B E
E E B Y A C R R T E L M C N A
I E B O S M E T G C N E R O N
E E D A W T I E S R L R R C I
G C R R I L A B R E R L C L C
R U A K A G B E E T K I O A R
E H N R L Z I R L A H N P F I
M T O E A R Z B U R K C O I C
M R A B R C O U H Y R A I K T
A R C A B S A F B B S U O W C
L R H S P Y A R C I K E O A E
H E I R M W O H A R E R A H W
R A E O L E O E A D N P I D Z
I Y R R O A S H I K R A L Z D
```

BUZZARD	KESTREL
CARACARA	KITE
CIRCINAE	LAMMERGEIER
CONDOR	MERLIN
EAGLE	OSPREY
FALCON	OWL
HARRIER	SECRETARY BIRD
HAWK	SHIKRA
HOBBY	VULTURE

```
D O Z R I C G A Z E L L E G C
A T E S F T O N C E T V O T O
F S R D B S A C D O R N E N E
F I E I L L O I O A G T L I N
Y W C R I S S F C S O R K R G
L T A P O K O A A R L A I H V
D C V E C G E E C A F I C N C
K M N A N N O D O M I O D N D
I W B O I D R P I E G I I E P
C Y M O A N E I R L N P I R O
K G L C L Y D N A T S D N A H
F L E S U O R A C G A E N O C
L K C K O A F C I V F R S A O
I D L L G E I B A M F D L O I
P R E V O D N E O T N T G P N
```

AIR
BACKSIDE
BIGSPIN
CAROUSEL
CARVE
COCO SLIDE
DAFFY
END-OVER
FAKIE

GAZELLE
GRIND
HANDSTAND
KICKFLIP
MCTWIST
MONGO-FOOT
NOSESLIDE
OLLIE
POGO

```
B S E D G I M A D A M M I M N
M A D M G M A S E O E I T N L
C G M I A I I A A U U A M B I
N M N N O M M L B B B M M A R
A N A T E E G L D A R G E D W
Y E C H B E N M N R H I N G G
G U G H A L U I E A E P N N W
A R N A N N V Q R D H D L A I
H S A M D A A E E L E N M E L
N U H D D N A G M C E A A O L
O L C O E A I E R D I D R E O
A A O R G R E L S O I L M O W
N A H W A L E L G G M A A N B
U A C E H E R M I O N E R N B
L E O N Q D B M I R M C I E R
```

ALICE	MEDEA
CHO CHANG	MEG
DAVINA BAT	MILDRED
ELPHABA	MORGANA
GINNY	ORWEN
GLINDA	QUEEN MAB
HERMIONE	SABRINA
LUNA	URSULA
MADAM MIM	WILLOW

```
O M O S A I C R R G F S C E L
N C T T I A V C R I P G E I C
A O S Y P V M A L I N I S R T
A S P E N I P M N O P G K S E
G P C E R H R N R N N T R S H
P G A I I F I I G I G A O N C
G T S C M N G N W I M P W E O
E K S N G A I A E P N E H G R
G R N S M V R P V A A S C A C
N P T I A D O E A I N T T L T
I R K E T T I A C N A R A L T
H N W I T T W L S T E Y P O G
C T I E T R I G C I S M A C M
T W R G A A S N E N K E O G R
E Y A P P I B I G G A E L T N
```

BATIK
CERAMICS
COLLAGE
CROCHET
DRAWING
ETCHING
FILM
FRESCO
GRAPHICS

KNITTING
MOSAIC
ORIGAMI
PAINTING
PATCHWORK
POTTERY
SPINNING
TAPESTRY
WEAVING

```
E M P E A R E C A R E W V M T
R E R G M R S S A N I T Y O P
W N E L N O Y E T O L S E E M
L O S A A E N L V R V M P T E
K H S S K S A E R O I S R I A
S P T S N N T L Y T L S B Y W
H S Y E P E T E L T E G T A S
A S O S L P B T L Y E N H W T
I Y E A S K C O S E O L M L W
R E E N O T E S Y M L A L E N
T T R R E P M E T W R N A A N
E H O R O S G T C B H L G L W
C E O I M T R B L T T L L E Y
E B L E L E E E S H E E L E T
N E A B S T S S E H R O E A S
```

BET
GLASSES
GLOVES
HAIR
KEYS
MARBLES
MONEY
NOTES
PENS

PHONE
RACE
SANITY
SOCKS
TEMPER
TIME
WALLET
WAY
WEALTH

On the Loo
129. RELAXING IN NATURE

```
N S P T A R R V S H R U B S R
B L R S S D I P R E R O D R T
E S G B R H V A B S E H S U B
S K R A S L E R I F T E S E T
L A S L R W R E N T B G A E K
S E S M E D O P A R K R T A D
O D A S E A E D S T N A L P T
A S R V K M E N A U H S S B R
B L R I E S B A V E A S D E P
A I I O B S N N M A M S N H F
R T T A S T S E R O F B O I V
K N M E R T A L E B G P P C G
T B E T R T S T R E A M A C R
A R R I E B E N C H R N O T R
T S A S B D R N O L S V S P H
```

BARK	PARK
BENCH	PATH
BIRDS	PLANTS
BUSHES	POND
FOREST	RIVER
GARDEN	SHRUBS
GRASS	STREAM
LEAVES	TRAIL
MEADOW	TREES

```
F F A K U B O L K X P H J A S
S A F U S O A T U I V E I L K
F O T I S L Z R T F B I I K U
T P U A Q R U B E I I H T S L
S Z R T L M R R I C B T I N L
A X I X A S C N K U N C C I C
T S T T W N I A I R U P H Q A
F I U E Z I E K S C I F E A P
F O B R P I M T U S S X L B A
U K U A P P T P I A O I U S A
R P H B H L I U L L U C A K T
Z E I I C T I T T E L U K U B
U H J T I T I C B E W A T F H
A E A F T U E T E S C A T I I
U P B L H B B K R H H P T A O
```

BURQA
CASSOCK
CRUCIFIX
HABIT
HIJAB
KLOBUK
NIQAB
RUFF
SKUFIA
SKULL CAP
SOUTANE
SURPLICE
TALLIT
TICHEL
TIPPET
TZITZIT
VEIL
WIMPLE

```
E F A T N A S C S A L T A N B
U R O U I A O N E U Q U E N S
E N I F H R J N R T J O L N S
E A U O D T T S N A H C C A E
U B M O N R C E L I E U H M N
A S B A E E U A T J U U A U O
O A L R S A G T T O U C C C I
N C I A T O I R U A A J O U S
U O A A P A M S O B M C U T I
S A E Z A A S R A R U A O Y M
N M D R H U M S O N S H R F R
S H B S O R I P A F J H C C Y
A L A R I O J A A A A P U Z N A
Q R S A N L U I S Q P U A U M
L N A E A Z O D N E M A A N A
```

CATAMARCA
CHACO
CHUBUT
CORDOBA
ENTRE RIOS
FORMOSA
JUJUY
LA PAMPA
LA RIOJA

MENDOZA
MISIONES
NEUQUEN
RIO NEGRO
SALTA
SAN JUAN
SAN LUIS
SANTA FE
TUCUMAN

```
N A O O Q B O N D L U O T L D
O Q B I N L E I L A G A D I I
P A A U E Q P E S A T D A Q P
U F D O F A C M R T S O O U I
P A T O E F A K S Q R O M I L
S L L B L S E D K I D E L D M
U A D M S D M R D S M L I I I
T O L A I A L O S M M P O I D
L E N K T O D T N B A M S D U
A N S T A N A O I L O O L E C
S L E R O L T C S E M D S B E
N R I I T O I L I E O C A R L
L A L A R U F O R D M S Q L O
N A A P M A I L G O E S A G M
S L S O M O A R L T O R B T A
```

ACID	ISOMER
ALKALI	LIPID
ATOM	LIQUID
BASE	MASS
BOND	MATTER
BUFFER	MOLE
CELL	PROTON
GAS	SALT
ION	SOLID

```
E B C O S A Y Y Y R A S R U B
Y U U P P Y T F R S C O A N D
E D I E E I N I E B N A O N O
N G O N U N Y O N C T E E E A
O E S N O A S E M Y I U E C N
M T N E I D N I E I O O A O E
D A N X M O E A O D L S V I F
S D N P I B N M I N H A T N N
P N M E F E E Y O F Y T P O I
Y E O N O B E N L C G R A N T
N P M S Y Y B O E R N O Y P S
T I E E R B W T L F A I M B O
M T A S D N U F E O I G E S C
R S N Y D O R R O C A T N D P
Y E S C Y A Y E E E N N T M O
```

ALIMONY	GRANT
ANNUITY	INCOME
BENEFIT	INVOICE
BUDGET	LOAN
BURSARY	MEANS
CASH FLOW	MONEY
CORRODY	PAYMENT
EXPENSES	PENSION
FUNDS	STIPEND

134. PETERS AND PETES

```
O T O O L E C U S T I N O V H
N O C Y N U K R H O T U C A Y
U K I O S A S Y N O R R O T W
R A O H Y A D N O F H S R C O
N A I O E C R O A C E O A V R
A N S A C T D L E I R B A G R
G G C R N H U O A O G S E R A
L O S N A O C R H D D A I E Y
T R I R A L S R R E A T K E A
N E Y C A S L K O V R S C N T
K G J O A S Y E C U A T I N I
G E P R L E O B S A C C Y E B
D E R A E R D N A A J H O D B
C S A D N C A P A L D I O O A
N G A E B N A K R E R B C O R
```

ANDRE	JACKSON
CAPALDI	KAY
COOK	O'TOOLE
CROUCH	PAN
CUSHING	RABBIT
DOHERTY	SEEGER
FONDA	SELLARS
GABRIEL	USTINOV
GREEN	YARROW

```
P O L O A A A M U O A Q R M C
M L H N M U L O C C T C T O T
H E N M N S L T U O T M H G O
E I O E S M A R S B N O R A T
T T T R D R W K A R U V A C C
A R T G A H C T A S I U U G E
G C E N O A H C E L H D A A P
S O H O R S R A L N E M C C O
H R G R G O R A I U M I O T R
C T A S S R S A Q O L L H M T
R B E T G U S A S I H C U E T
A N R T L O O A S O T R M V T
S A G R T C I A C L O P G T R
A N O L S C B H S F L G T H L
E A O L S P T E U E I A O A E
```

AQUEDUCT
ARCH
BARRACKS
BASILICA
BATHS
COLUMN
FORUM
GATE
GHETTO

HOUSE
INN
MOSAIC
PORT
ROADS
ROSTRA
TEMPLE
VILLA
WALL

136. TYPES OF TREE

```
L P E A W H C E E B N A I C I
I A H S A E E B O N Y M P I C
O O E A P A L I I R S E E M E
I A W N L A R M R O A I A N B
C A O A C C C W K L E D S P W
E B L S B B I A L I N D E E E
G M L I L E O E F V M C L C A
O E I O O A I A A E N D I L C
L M W I P W A I L I E P E F R
E M L P O E I B L R C I O F E
W E L A I M S E I E R A I C N
E E C A P A M N I R E G C B G
L E I M I P E I W V C I A A L
F I R R H L A P L L B H I O A
F Y V N F E C C A S P E N N A
```

ACACIA
APPLE
ASH
ASPEN
BEECH
BIRCH
CEDAR
EBONY
ELDER

ELM
FIG
FIR
MAPLE
OAK
OLIVE
PALM
PINE
WILLOW

```
D O R R O S L F R F O O L A G
O Y O O R A S E F K F M C N A
I R M O M U M Y C I C W H V T
Y K N R O O D U I O T S I F T
I O O L T I D I I O I S L I M
O F L E A S T E G E I D L E R
U A E I E L S D R I C A Y F A
C N F L R L A A E C R I R F W
Y U C T O F I C T T L F L O E
N R S A C O E T I N A O N U K
O T S E R E C R S N A C R N U
T E G S N I S O R O I T H F L
S D E V O M N U F V H L S E N
G S R O T I L G H O S R C I D
D E V R E S E R E L A O R L D
```

ALOOF	HOSTILE
CALLOUS	ICY
CHILLY	LUKEWARM
CLINICAL	REMOTE
COOL	RESERVED
DETACHED	STIFF
DISTANT	STONY
FORMAL	UNCARING
FRIGID	UNMOVED

138. CLASSIFICATION

```
A P P P P P G T E T S A C S H
E S I P E G E U P T R A N K T
E R R A T I N G Y P I G R P R
E S E R D O I I T U R R E D T
A T T H I P R Y G A A O E A R
A T S A P G O D D S N U E S O
D I C E T S A E E E U P O T S
E N C A C U T D R R E N S D E
R P I T T T S S N A L T E L O
N R E K I L I I R G Y T O G L
E U E T R E A O R R T P K E R
G G T O U A E L N S S N D N D
S E T R R G D R S P E C I E S
T S A G S U S U G E E E E I N
O R N T R E G E E R I T S T S
```

CASTE	RATING
GENRE	SECTION
GENUS	SET
GRADE	SORT
GROUP	SPECIES
KIND	SPHERE
LEAGUE	STATUS
ORDER	STYLE
RANK	TYPE

```
R C I F R R R A R T A R B R A
A R O O M E E R J U G G L E R
M A T M G I E M U T E E N U O
C C G N E R R N R A G E A A R
A R I U U D A C N O P N T C T
G S J J P I I A L I F R C I M
N M N E C U I A B O E R C E U
R O A I S D P A N C W N E R S
C U G J E T L P N R U N E P I
R A E G R L E A E R G R C E C
M I A T E T D R C T P R I A I
M R C R T R E T A E E R I F A
T M I A C R O B A T J E S A N
C N E E N A R T I S T T R R G
A O T M E A I T P F M I M I C
```

ACROBAT	JESTER
ACTOR	JUGGLER
ARTIST	MAGICIAN
BALLERINA	MIMIC
CLOWN	MUSICIAN
COMEDIAN	PERFORMER
CONJURER	PUPPETEER
DANCER	SINGER
FIRE-EATER	TRAGEDIAN

```
C G P E A R N I N G T U S T P
H B E A R B H N N S R E E U G
A I M I E S U I O O E C R A N
N H T E A S A D E I G S O U I
G F I C I G P S G I E E A I V
E S F V R N N N P E C L P C A
C Y C A L I T T R N T N R P S
S T B R O E N E A I S E R N S
E N S C L O P L R O C O A C N
T A N L L O A N E E F F V N E
O T A E I B E O I I S I M L L
N W H T C A T P T P P T A C C
I G G A T E T L C I I S T E O
N E P A Y M E N T S T O G H O
G N L P O R E G N I R A H S E
```

BALANCE	NOTES
BARGAIN	PAYMENT
BUDGET	PROFIT
CASH	PURSE
CHANGE	RECEIPT
COINS	SALE
EARNING	SAVING
INTEREST	SHARING
LOAN	WALLET

```
A I S E H C A E B O A C O C C
S S A O A S D I M A R Y P C A
M H S C E T Z A N B S T U A M
R A S T O L E C O U I T C T A
B B R I C D A I L R H T C A Y
Y T R I N I S Y L R O S X A A
A U A R A A B L S I T A O C T
N D C M N C P C T T T N A O S
H A A A A R H S T O C D C E C
C A U E T L C I S S L S T U A
A G A R C A E O R S A O Y Z N
I O M S R A N S Y B N I X A C
N A H O A X A C A E T S T A U
S S C G O M C T C I A N I O N
N P O H S E T R O C U I C N S
```

AXOLOTLS	MARIACHI
AZTECS	MAYA
BEACHES	OAXACA
BURRITOS	OCELOTS
CANCUN	PYRAMIDS
CENOTES	SPANISH
COATIS	TABASCO
CORTES	TAMALES
IGUANAS	YUCATAN

142. JUICING

```
U I A N A B I E T R O U L A R
I A N A N A B N R A L C E O Y
G L N A N A I E A E R P A R O
R I N O T M B P G P N A R T A
T M N A M M B E L B B E A O Y
P E O G U E A I L C B M N P R
G G A C E P L U A N O L A R E
U R U Y P R E E A T A B R R L
A C O L T B E R G L A A R G E
V A E N E G C H C A N I P S C
A E R R N O G N A M R N B B E
A R R A A I B O E I N O T C O
R Y R E N G O R O E P A R G N
A O U A T O R R A C C R E O H
O O R A E G I E R A P A Y B R
```

APPLE	GUAVA
BANANA	LEMON
BLUEBERRY	LIME
CARROT	MANGO
CELERY	MINT
CRANBERRY	ORANGE
CUCUMBER	PEAR
GINGER	SPINACH
GRAPE	TOMATO

```
F A I R Y U N R P N R T K O W
P M E T A Z N N A K O T L B O
L A N T E R N R C H T H L O D
G M R S C E E S N W I I C N A
S H O T S O H G U S C A R Y H
H S O N P U M P K I N R S C S
E C E U S G N I V R A C A Y O
V A T N L T R R H I E R R C C
C K W I K A E S C I Z U T O Y
S A C I W R S R Y O Z O S E E
P O N I G C A N T O B T C K R
I R S D R I V D M E U E P I R
R E D R L T O B R M D I S T T
I E C D M E I L E R R L L R N
T E S K V E A O T R E A T N K
```

CANDLE	OCTOBER
CARVING	PUMPKIN
COSTUME	SCARY
DARKNESS	SHADOW
FAIRY	SPIRIT
GHOST	TREAT
GHOUL	TRICK
LANTERN	WITCH
MONSTER	ZOMBIE

```
T S K K S R A R H P A R O S A
I I T H A C A B H I S L S H D
N A K O E E H S S I E S O O I
O T R S A E O C S M C A E K S
S S A M O S O S N E I O A K A
I T O O S H C O K A D L S O B
N S R S E H S R N Y O O O S O
D O L B I I U D E S R R H S R
T X S E A S R R L T A O A R E
O A H A S O S S D A E A S S I
S N S O S B S S H A S A O X M
S O R O S S O O M M N S T I D
I L O C C S C S A E A E O E E
S I K A R I A E R H S T K A S
S O S O R Y I P T U F R O C S
```

ANDROS	LESBOS
CORFU	MILOS
CRETE	NAXOS
IKARIA	PAROS
IOS	RHODES
ITHACA	SAMOS
KEA	SKYROS
KOS	THASOS
LEMNOS	TINOS

```
T N N H S U R C L L S H I S N
H E P I E T C P H L P C T K E
E S U S O R E Q E U A A H O D
E L E T L I P B H N M R N L I
D E C I R H H S C P E S E E L
L H U B A L U E O P T I C Q E
O Q T I R H L U R C I L C U T
H P S H E H T E C O S E H E I
H H L N C A S R P S L N E L C
T Q I I E S E O E C L C C L F
I U T A A E T L C H H E K E Q
W A S C A S E N F H T O O A L
O S C O N C E A L I O O I R C
E H C E N S O R M C T K M A U
T S C I A U P E A S E S E S N
```

CANCEL
CENSOR
CHECK
CHOKE
CONCEAL
CRUSH
ELIDE
HUSH UP
INHIBIT

QUASH
QUELL
REPRESS
SILENCE
SMOTHER
STAMP OUT
STIFLE
STOP
WITHHOLD

```
E N I R O E E A I C T G A E A
F A A P S M D I S D L B A E R
L A S I N P D E M T O I T R E
O G N P H O E E S M I V R A V
S N O T I E I C H I E L A M E
D M O A A R G T U M R A N T R
N P A I L S A D I L P E C H I
O H I E S E Y T N B A I E G E
I I W P R U L W I O M T E I E
S I O S E D L R I O I A I N A
U D E R G D Y L I S N S B O R
L E E E T V R A I I H E I I N
E A I A R N A E D C I O S V R
D L U E P O H D A I I H R T V
Y E A R N I N G A M P T I P R
```

AMBITION	ILLUSION
ASPIRATION	NIGHTMARE
DAYDREAM	PIPE DREAM
DELUSION	REVERIE
DESIRE	SPECULATION
FANTASY	TRANCE
GOAL	VISION
HOPE	WISH
IDEAL	YEARNING

```
L A H L O T H O T U H S L U M
S E R C O E O H L T H O V E L
N A I W A H C A D A L H L I I
H D E E D O B A S I A H G B A
R R I I I C N W M V E L I U G
M N A O R H T A I O O N H E H
T I D I A E R E U O O H O T S
A B B T N L U O E L H N O L C
H A H T W R E A E O N O L W L
M C O R C O T T A I B A B A C
I O U T U O O S O T H N T C S
U S S A N L A S I H O T E E O
C H E O H C H A C O D E M B E
O E O V E A A C L L A L L I V
A O B O O O S O O I H O L A L
```

ABODE	HOUSE
BOOTH	HOVEL
CABIN	HUT
CASA	IGLOO
COT	INN
CRIB	SLUM
DACHA	TENT
HALL	TOWER
HOTEL	VILLA

```
A R C O U A N P A R P O M I R
N C R I A A U E I N R Y E E Y
V E E A G Y N A Y L S A S E R
Y R C A E N S R G T Y T T C T
E T S N T R O P E R O Y Y R L
S E Y C A G L R M R O A O D O
S O S O E M Y A Y E N C Y N M
Y A T L T M O R N C D C N E C
D O L L C E A R B R P O A G T
O A N O I T C I F L Y U O E S
N O V E L L B N B G H N R L E
F A B L E E A B E S L T R N A
C Y R L T S B O N R A Y Y A A
E L B A R A P N V P O E M M M
M R A E P I C N M A B S P O M
```

ACCOUNT	ODE
ALLEGORY	ODYSSEY
EPIC	PARABLE
FABLE	POEM
FICTION	REPORT
LEGEND	ROMANCE
MYSTERY	SAGA
MYTH	STORY
NOVEL	YARN

149. ANCIENT LANGUAGES

```
A H A A B P A L A I C U G B U
W S C T N E A K B L A I N A E
E I B I I L K B N K I T R H T
T L L I A A A N T A E M A B I
T U S A D M A R A I I P A M T
I A I I T I A L U E L W I T T
A G A I R I S R E M E S U I I
I N N R M I N I A B B A U L H
E S U M E R I A N B L R E L K
U H R N A I T P Y G E A I W E
H E B R E W F A R S I W I A P
A L E T I B A O M N P A A T N
A B T A S T K I U B L B I I E
I N K M L S T I R K S N A S E
A C E T I M A L E S L E A T E
```

AKKADIAN	HURRIAN
ARAMAIC	LATIN
EBLAITE	LUWIAN
EGYPTIAN	MOABITE
ELAMITE	PALAIC
FARSI	SANSKRIT
GAULISH	SUMERIAN
HEBREW	TAMIL
HITTITE	UMBRIAN

```
T S E R C L M S A R L L R P O
F P I T L E O L N L E E O A F
G R N C F F P B G N T G G G B
S I B K O N I N M S G M C L O
H B R B L D A I O Y O M S R E
D N O T I C E P R G S H C G O
I E U O R E E Y F L A G D C D
E R M E D R I A G L N A E U T
B C K B A R O A G H B A E R A
U C B R L G A T A C E U T B E
O D A O A E T O D I L I O A R
R S N P S M M A B C C A I F U
E I N R P R O O F A N D F C G
R S E I C D L R E H P I C B I
C C R I U Y F N S I G N A L F
```

BADGE	FLAG
BANNER	HINT
BOARD	LOGO
CIPHER	MARK
CLUE	NOTICE
CODE	POSTER
CREST	PROOF
EMBLEM	SIGNAL
FIGURE	SYMBOL

```
R E F N L R S R A G U S N N L
U E L R E G G S Z S Y E N O H
O O I O A G F N K Z A L A G G
L I P L Z T O K T B A T T E R
F M K L T M U E F R N A I W E
A K P O E L C H E E A T Z L E
I C E L I M I T E L O C Z O I
E A G G A M T R C G R Z E T C
E T E O N U I I G E I M E K B
K S R R B I N I P R G I N T I
A T E E F N L E D N E L N O R
L C L G A T S L P U T E S R K
L C O M F M N L I W L T N I L
E L O G E W Z C O F Z N B F I
K N O R I K S I H W N I I C M
```

BATTER	FLOUR
BUTTER	HONEY
CINNAMON	LEMON
CREPE	LENT
DRIZZLE	MILK
EAT	ROLL
EGGS	STACK
FILLING	SUGAR
FLIP	WHISK

```
O I T U O G A R M C F O G G R
B Y I C H O H O G R A C G P R
A E M G N I M M E L H S O E T
P T O G S E P L A I Q C P O E
E R A O A A I E P U C A H S R
I E E R A B E M I V A V E E R
N U G V R N U R E M N Y R A E
T V R E A N R V C U A B E U F
A O G A K E H U A J E R B O A
K L H S L A B C P R K E M Y C
R E T N M E R B Y M L E V O V
E G T S S J A U B E G E K E T
E G T U P U L Q A R E R L S V
M E O N A E E A R R Y L E E E
R M S C O Y P U A P F B I N R
```

AGOUTI	HAMSTER
BEAVER	JERBOA
CAPYBARA	LEMMING
CAVY	MARMOT
CHIPMUNK	MEERKAT
COYPU	MOUSE
FERRET	RAT
GERBIL	SQUIRREL
GOPHER	VOLE

```
B E B A N G L E S A E B D T O
B S M M Y E N O B C S A X E T
T E Q B T E W E S T L I F E S
B S A U S T N I A S L L A T A
S O E C E B X I S N C T L T M
N B N N H E K I A C B S H O A
U B O J O B N A M L L S A E D
S T O T O Z O T B E A U E S N
I A S B S V Y Y D B L E B C E
S K S L T E I O S U A T U Y S
E E M X N E L S B U B O T A S
N T C O L D P L A Y A S X I S
E H E A I I S E B S E S T A L
G A O B T N N S I A E O E A A
N T T E A S E S B S N B A C R
```

ABBA	GENESIS
ALL SAINTS	LITTLE MIX
BANGLES	MADNESS
BEACH BOYS	OASIS
BONEY M	QUEEN
BON JOVI	S CLUB
BOYZONE	TAKE THAT
COLDPLAY	TEXAS
DUBSTAR	WESTLIFE

```
M D I R T G M C R R N E L A F
E A D L P R O E R E L N C G R
P U A C V E A T A E D C O A O
R Q P I A O T S H G I N R T M
I N U B N O I I E I I V O E A
M I G M O R P N L L C A E R N
E G A A U R E N I E I A S R N
R I O B P L O A N R L M L O B
M N Y O R I E N I D L A L R S
E T I A N D I B O N N S A F H
G B E I I O A C I P A A I O I
O P M C I E E R O C C R R A L
I N D B N A T N G I E A N C T
M M M C A N O N F S I R R C E
C E M O R E C I C R C E L N A
```

AGATE
ALDINE
BREVIER
CANON
CASLON
CICERO
ELITE
GEM
GOTHIC

MINION
PEARL
PICA
PRIMER
QUAD
ROMAN
RONDE
RUBY
SERIF

S	I	A	A	O	D	U	I	N	A	S	G	I	L	P
L	A	U	T	V	I	L	E	I	N	M	B	R	I	E
A	D	S	D	N	A	L	S	I	O	S	S	A	G	S
S	N	N	T	I	T	I	A	N	O	L	Z	O	N	S
F	S	M	M	O	I	I	D	O	G	Z	D	L	T	N
S	B	U	L	O	S	G	S	O	A	A	O	S	E	S
A	G	R	I	C	A	T	R	S	L	L	I	K	A	K
T	N	A	I	L	C	O	S	T	A	R	O	F	I	R
I	A	N	L	D	M	A	D	O	U	L	L	S	Y	A
A	U	O	O	A	G	R	N	O	R	O	G	S	L	M
N	N	V	N	T	S	E	T	A	O	U	M	A	A	T
G	A	C	O	A	M	O	S	D	L	N	O	C	T	S
I	E	L	A	V	I	T	S	E	F	S	M	U	I	R
S	I	N	R	B	I	E	N	N	A	L	E	T	D	L
S	S	K	S	A	M	S	A	T	R	O	P	I	G	S

BIENNALE	LAGOON
BRIDGES	MASKS
CANALS	MURANO
DOGE	PIAZZAS
FESTIVAL	PORT
FLOODS	ROMANCE
GLASS	ST MARK'S
ISLANDS	TITIAN
ITALY	TOURISTS

```
O E K L E R U N M O E T O M I
I O M I E M I L Y E K M O K O
S U D A C H I P O M E L O N E
K O L E G N A T M A G T O N U
O U E N S U N U I E F M I E L
N A Y A R O S M S I I R U B K
O N U N R G O T N O E O F Y I
M M R T N Y A G A G B R A U N
E T I Y I U E G N N G A S Y N
L C G K Q R I A E E A S K K O
U G N M L C T E T G T M A N W
A Q U I O I L A L E N R A O U
U K M O D Y O R R Y N A O H Z
L E M A N D A R I N O M R G U
I T I U R F I L G U K Y A O Y
```

AMANATSU	LEMON
CITRON	MANDARIN
ETROG	ORANGE
FINGER LIME	POMELO
KABOSU	SUDACHI
KEY LIME	TANGELO
KINNOW	TANGERINE
KIYOMI	UGLI FRUIT
KUMQUAT	YUZU

```
N I J Y U U B O L L Y G U M A
P A R W T A O S R B E E L A A
E O B R O A C A C I A U I S C
O G E O A L Y O K S L C D L W
A N U A T M L M E O T A L T A
M O J S C T I E R Y L L S N P
I D W T I U L R M I I Y W A O
S N A K A L E E L I L P E W O
T A H L O L B L B L A T D I R
L U L A O O Y Y A R D U N S A
E Q B N R P D T B L U S U T G
T I W M I R L N K L E S S E N
O K L L L I A B A U B M H R A
E L L O P B L J A W R O O I K
W Y K A U R I N A I S K N A B
```

ACACIA	LILLY-PILLY
BANKSIA	MARRI
BOLLYGUM	MELALEUCA
BOTTLEBRUSH	MISTLETOE
BYBLIS	QUANDONG
EUCALYPTUS	SUNDEWS
JARRAH	WANDOO
KANGAROO PAW	WISTERIA
KAURI	WOLLEMIA

```
D R R A D S E H S U B Y U C S
P E R A R H H O E E S S A R G
N S S T A T U E R M I D E E S
N T T I I M N D A S L N S L
F L R C L C S N P S R I R O E
E U E S I B G A R D E N E R P
N S A E N A T N S S W R E R I
C T M T G H J T E T O H T C E
E C H C S L N O R E L S Y S T
A L S S B A C C G F F C L E E
S P G L L G L S T G L E E H G
E P A P A N H R E I E J F I E
N S P I C N I C S E O R E L N
W A L L T S E T N G R A S L T
S P C L S R S S A L T T H J N
```

BUSHES	PICNIC
CYCLISTS	PLANTS
FENCE	POND
FLOWERS	RAILINGS
GARDENER	SHEDS
GRASS	STATUE
HILL	STREAM
JOGGERS	TREES
PATH	WALL

```
Y V Y T Q C I R H I O K X L A
M A A T K L N Q Y O Z C B Q C
A R R H T E S X F D R E S B M
J E X S M Q A P E P N U K E V
E E Y B M N M X D U C L S G Q
O S P J A H T X A K S C Y E D
O O A M M I T M Q I E B A T O
I B Y U C U U P U E K P P N
E E T U D N R A C Y U U W K S
S K I A N X Z B J L K M T J U
D R N T B U U P H A W R D K X
I S I S E T T K T A A X N D G
Y R X F B T U U X U T S U E F
A B E S L K M Z Z A O P F Z F
A T P I L S P B M T H O T H X
```

ABTU	HORUS
AMMIT	ISIS
AMUN	KEK
APEP	MAAT
APIS	NUT
ATUM	PTAH
BENU	SETH
BES	SOBEK
GEB	THOTH

160. SEAWEEDS

```
M L R O E R M V T S I M T M E
A A G V A S O K S O S A N S C
L S R D K G O E E S L U D W A
I S E K N M D D W C O V K K L
M I C A B O I A L I W M E L A
K R T U M A A A E A C M A E E
S O D R T A G O D E V R G E S
A N S O S O T E D V R E I E S
K A M N E D V A K G S O R L D
A G A M W I A V S O E S T A E
R L A A R M A A G M V S V M A
D A R A A S W R O A A A A R W
K E A A C E L E E O E K A K E
M P R E K D C C R S A M L M M
K E L P I R P D C W E O A R D
```

ALGA	ORE
ARAME	SEA LACE
DESMID	SEA MAT
DIATOM	SEA MOSS
DULSE	TANG
KELP	VAREC
KOMBU	WAKAME
LAVER	WARE
NORI	WRACK

```
V P R I D U A I P P O L R E A
E O R P G P S S N I L R D G R
L R I U C U U S E D S U H R R
A G N U E E B P E A U C P A Y
O S I S S U N G Y C R S E U Y
E U M R U C A S S E A I U S S
S U E A O A U U O U D P E I I
O P G S U R R G R Y Y E O S A
E C N I U U R B C X L G I U P
O A A A U I N O I R O A U D R
D G T E V S S S O L R S R A U
C E P H E U S R P C I U I O R
S G S S D L G A R S A S O S E
U I R G E U E P C E S R R P G
I I I O R L D S E N A R D Y H
```

ARIES
CEPHEUS
CYGNUS
DRACO
GEMINI
HYDRA
INDUS
LEO
LIBRA

LUPUS
ORION
PEGASUS
PERSEUS
PISCES
PYXIS
TAURUS
VELA
VIRGO

SOLUTIONS

Puzzle 1

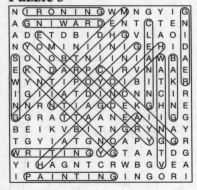

Puzzle 2

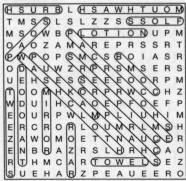

Puzzle 3

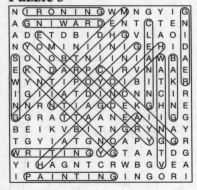

Puzzle 4

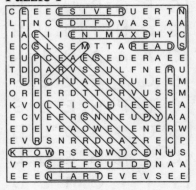

Puzzle 5

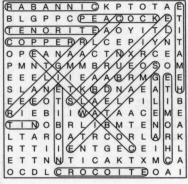

Puzzle 6

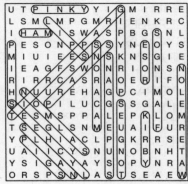

SOLUTIONS

Puzzle 7

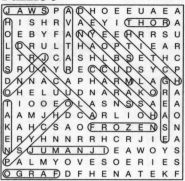

Puzzle 8

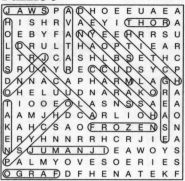

Puzzle 9

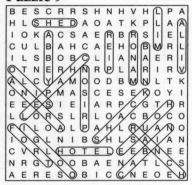

Puzzle 10

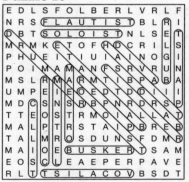

Puzzle 11

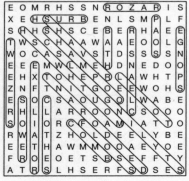

Puzzle 12

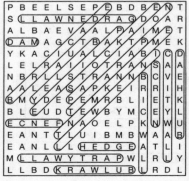

SOLUTIONS

Puzzle 13

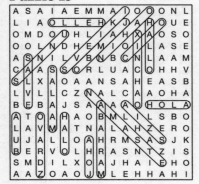

Puzzle 14

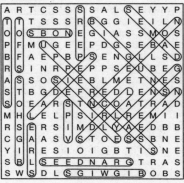

Puzzle 15

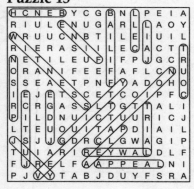

Puzzle 16

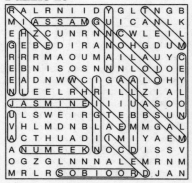

Puzzle 17

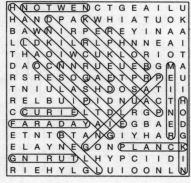

Puzzle 18

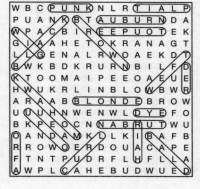

SOLUTIONS

Puzzle 19

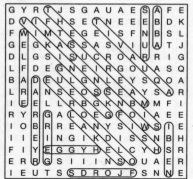

Puzzle 20

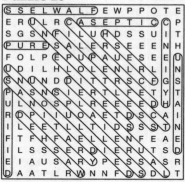

Puzzle 21

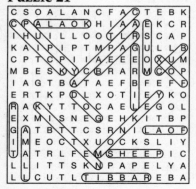

Puzzle 22

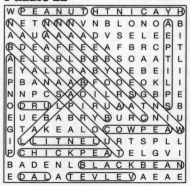

Puzzle 23

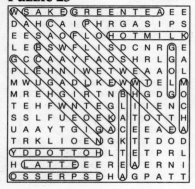

Puzzle 24

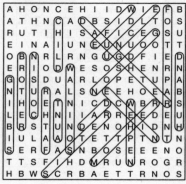

SOLUTIONS

Puzzle 25

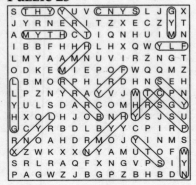

Puzzle 26

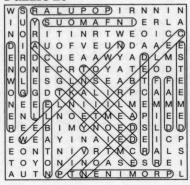

Puzzle 27

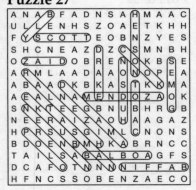

Puzzle 28

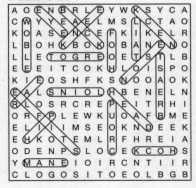

Puzzle 29

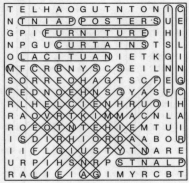

Puzzle 30

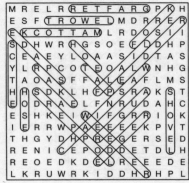

SOLUTIONS

Puzzle 31

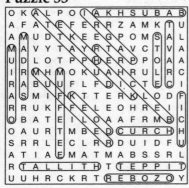

Puzzle 32

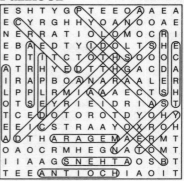

Puzzle 33

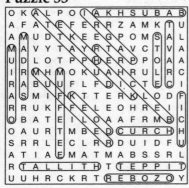

Puzzle 34

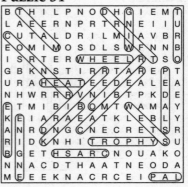

Puzzle 35

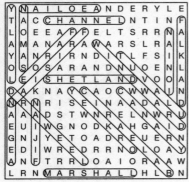

Puzzle 36

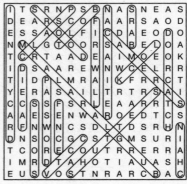

SOLUTIONS

Puzzle 37

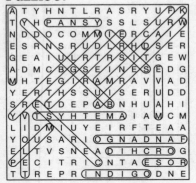

Puzzle 38

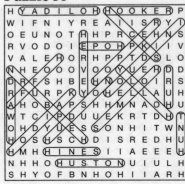

Puzzle 39

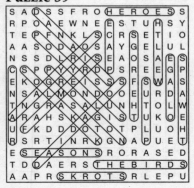

Puzzle 40

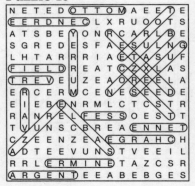

Puzzle 41

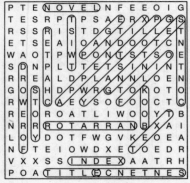

Puzzle 42

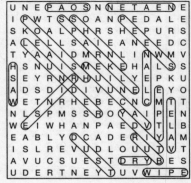

SOLUTIONS

Puzzle 43

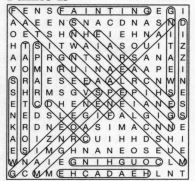

Puzzle 44

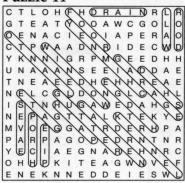

Puzzle 45

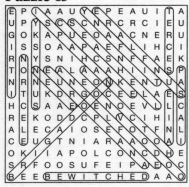

Puzzle 46

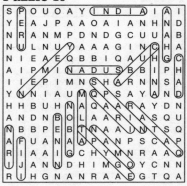

Puzzle 47

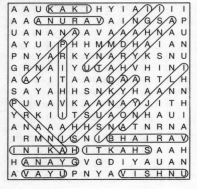

Puzzle 48

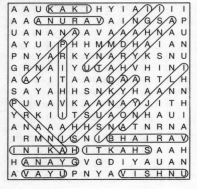

SOLUTIONS

Puzzle 49

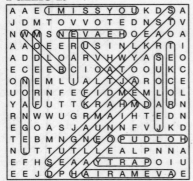

Puzzle 50

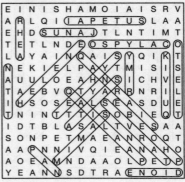

Puzzle 51

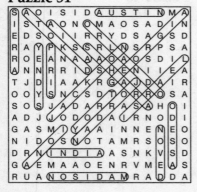

Puzzle 52

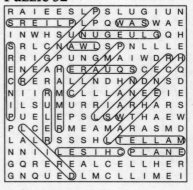

Puzzle 53

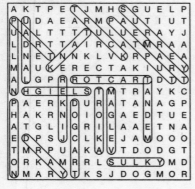

Puzzle 54

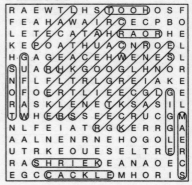

SOLUTIONS

Puzzle 55

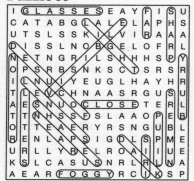

Puzzle 56

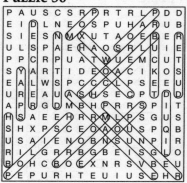

Puzzle 57

Puzzle 58

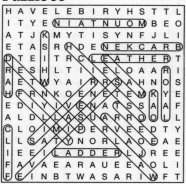

Puzzle 59

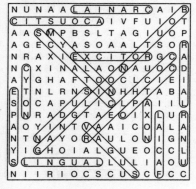

Puzzle 60

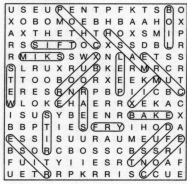

SOLUTIONS

Puzzle 61

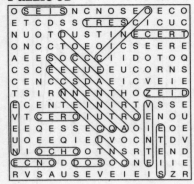

Puzzle 62

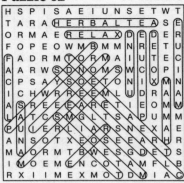

Puzzle 63

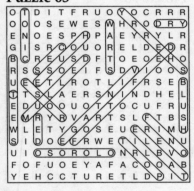

Puzzle 64

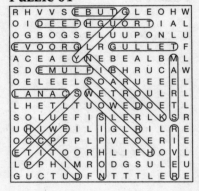

Puzzle 65

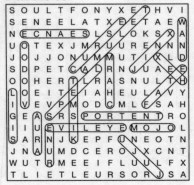

Puzzle 66

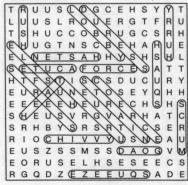

SOLUTIONS

Puzzle 67

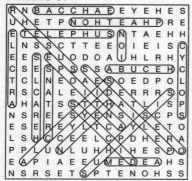

Puzzle 68

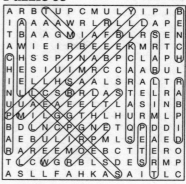

Puzzle 69

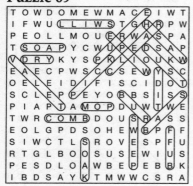

Puzzle 70

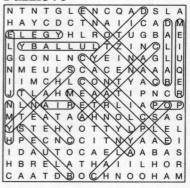

Puzzle 71

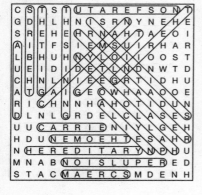

Puzzle 72

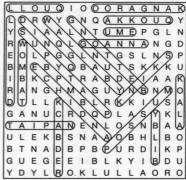

SOLUTIONS

Puzzle 73

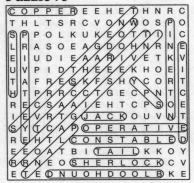

Puzzle 74

Puzzle 75

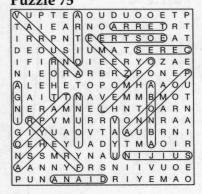

Puzzle 76

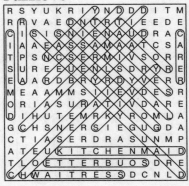

Puzzle 77

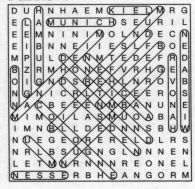

Puzzle 78

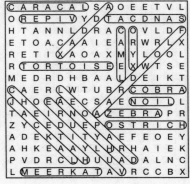

SOLUTIONS

Puzzle 79

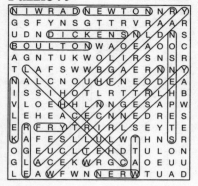

Puzzle 80

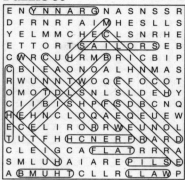

Puzzle 81

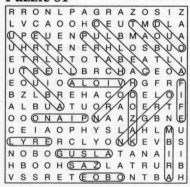

Puzzle 82

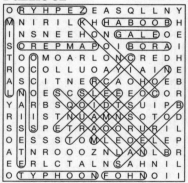

Puzzle 83

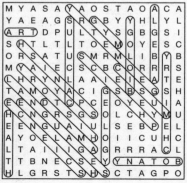

Puzzle 84

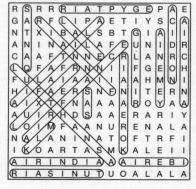

SOLUTIONS

Puzzle 85

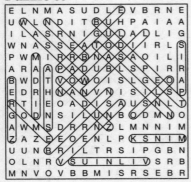

Puzzle 86

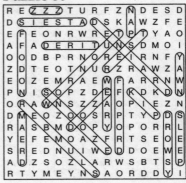

Puzzle 87

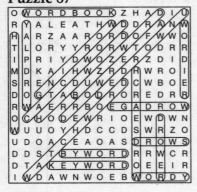

Puzzle 88

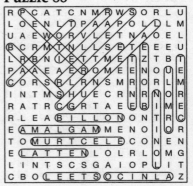

Puzzle 89

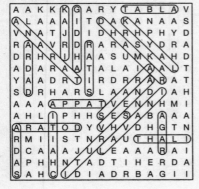

Puzzle 90

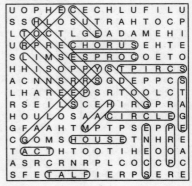

SOLUTIONS

Puzzle 91

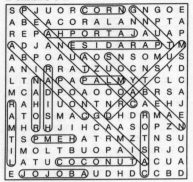

Puzzle 92

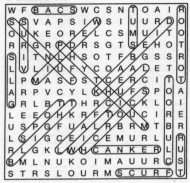

Puzzle 93

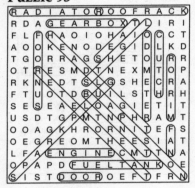

Puzzle 94

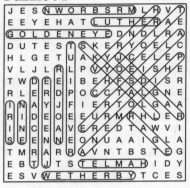

Puzzle 95

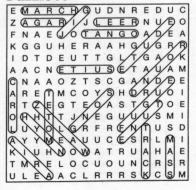

Puzzle 96

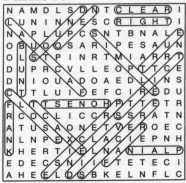

SOLUTIONS

Puzzle 97

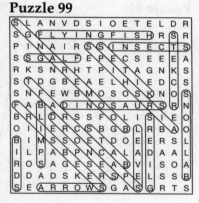

Puzzle 98

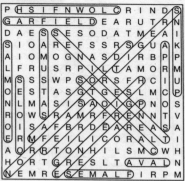

Puzzle 99

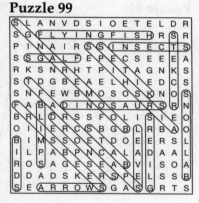

Puzzle 100

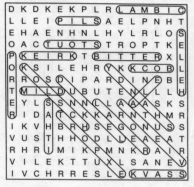

Puzzle 101

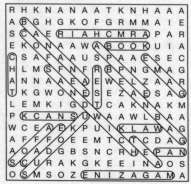

Puzzle 102

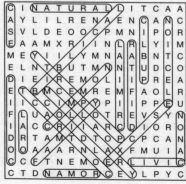

SOLUTIONS

Puzzle 103

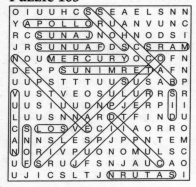

Puzzle 104

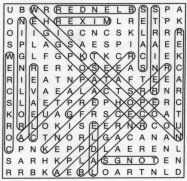

Puzzle 105

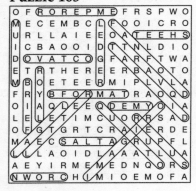

Puzzle 106

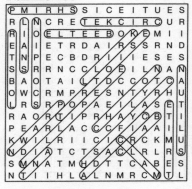

Puzzle 107

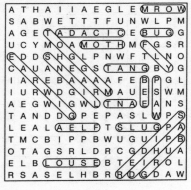

Puzzle 108

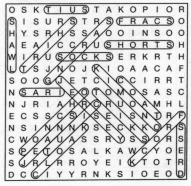

SOLUTIONS

Puzzle 109

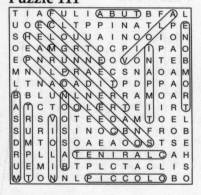

Puzzle 110

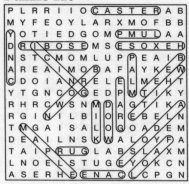

Puzzle 111

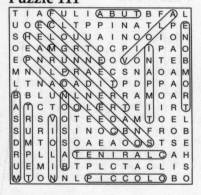

Puzzle 112

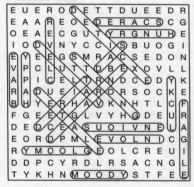

Puzzle 113

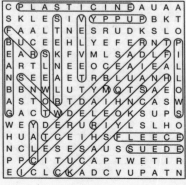

Puzzle 114

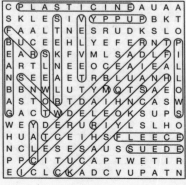

SOLUTIONS

Puzzle 115

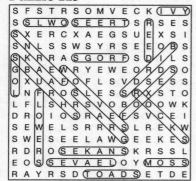

Puzzle 116

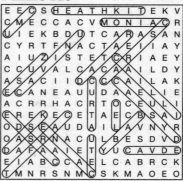

Puzzle 117

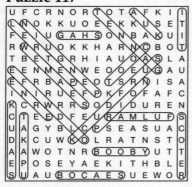

Puzzle 118

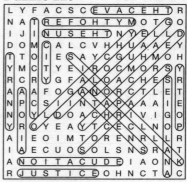

Puzzle 119

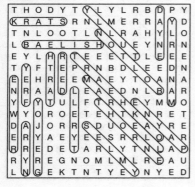

Puzzle 120

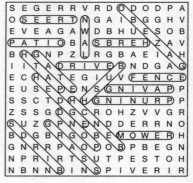

SOLUTIONS

Puzzle 121

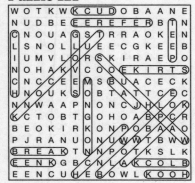

Puzzle 122

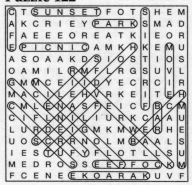

Puzzle 123

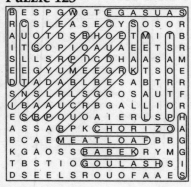

Puzzle 124

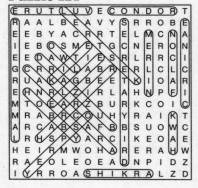

Puzzle 125

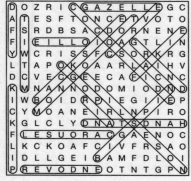

Puzzle 126

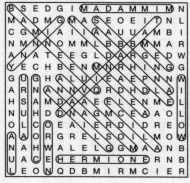

SOLUTIONS

Puzzle 127

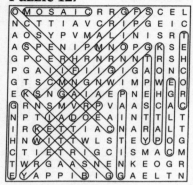

Puzzle 128

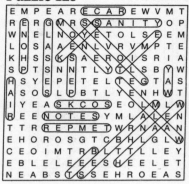

Puzzle 129

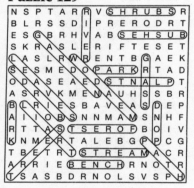

Puzzle 130

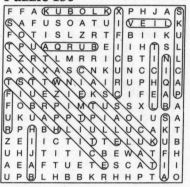

Puzzle 131

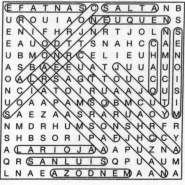

Puzzle 132

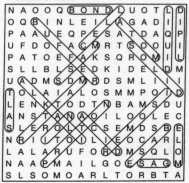

SOLUTIONS

Puzzle 133

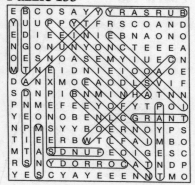

Puzzle 134

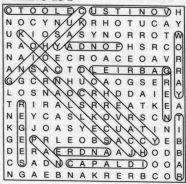

Puzzle 135

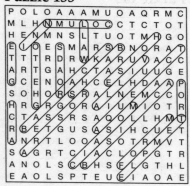

Puzzle 136

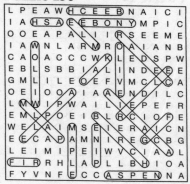

Puzzle 137

Puzzle 138

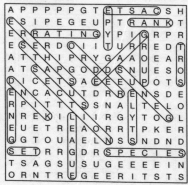

SOLUTIONS

Puzzle 139

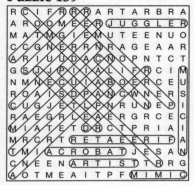

Puzzle 140

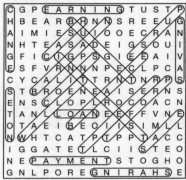

Puzzle 141

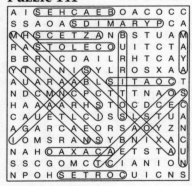

Puzzle 142

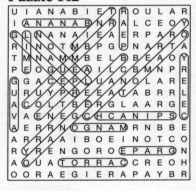

Puzzle 143

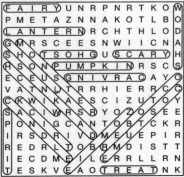

Puzzle 144

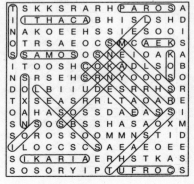

SOLUTIONS

Puzzle 145

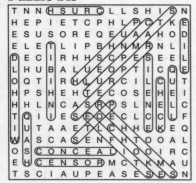

Puzzle 146

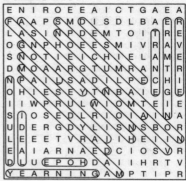

Puzzle 147

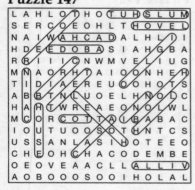

Puzzle 148

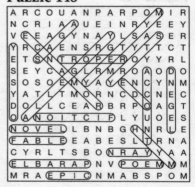

Puzzle 149

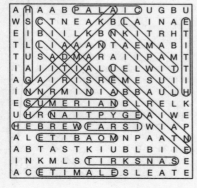

Puzzle 150

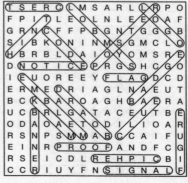

SOLUTIONS

Puzzle 151

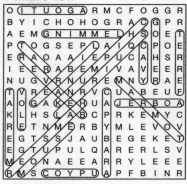

Puzzle 152

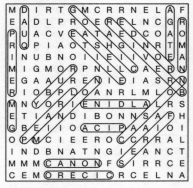

Puzzle 153

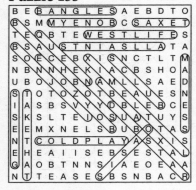

Puzzle 154

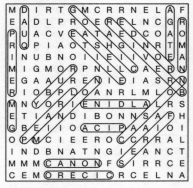

Puzzle 155

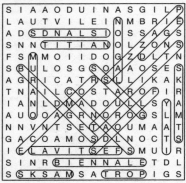

Puzzle 156

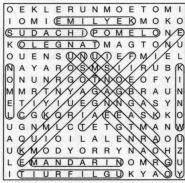

SOLUTIONS

Puzzle 157

Puzzle 158

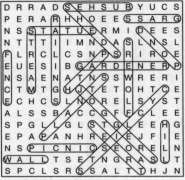

Puzzle 159

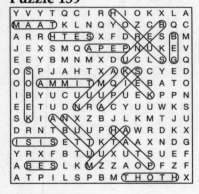

Puzzle 160

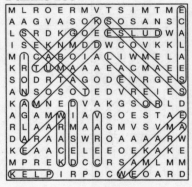

Puzzle 161

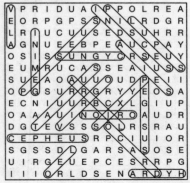